古玉浮沉記

Ancient jade
ups and downs
to memorize

金天放　編著

目 次 *Contents*

第二章　扭轉乾坤

序一

　　舍姪天放自幼喜看章回小說，尤酷愛中國文物，由於家中收藏甚多古玉，在家兄嫂教導下，有了良好基本鑑定能力。90年代在事業有成下，特前往中國大陸受教於中華人民共和國文物局國家文物鑑定委員會秘書長劉東瑞先生，在劉秘書長傾囊教導下，對於古玉之鑑定不但深入，同時，佐以科學及傳統的全盤鑑定古玉功夫，能精確指出古玉真、偽之問題所在，而非一般所謂鑑定專家，只說真、偽，不說為什麼是真？何謂是假？

　　談到其家中所收藏之古玉，正確的說，應是其外公陳益軒先生（滿清時曾任溫州府鹽知事，民國時當選第一屆浙江省臨時參議會參議員，陳先生善於經商，當時有溫州首富之稱）與其四女陳拾璜女士（姪之生母），在民國初年至40年代向上海、北京羅伯恭、仇焱之、韓敬齋、任雁亭、趙佩齋、賈恆甫、孫冠宇等大古董商購買之收藏品。1949年大陸解放後，筆者自溫州出海，攜帶陸百餘件古玉來台，交給家嫂，可稱件件精彩，媲美當年各大博物館。

　　2010年8月舍姪來電稱將以「古玉浮沉記」索取題封面並作序，擬敘述一段鮮為人知與「台北故宮博物院」、「台北國立歷史博物館」之間，所進行一場古玉真偽訴訟及論戰過程，讓文物界知悉古玉史上原來曾發生過這麼一件大事；同時也將在書中刊載家中所藏古玉以為教材及供世人鑑賞，並希望參與當時護送古玉來台的我這個叔叔，亦能證此歷史。

　　筆者對此極為讚許其有意義之古玉真偽論辯過程，認為如能著書出版，除可提供民眾對古玉鑑定之正確觀念外，同時更可排除不是故宮博物院或國立歷史博物館之所謂研究員或高官等，便能成為古玉鑑定專家之迷思，因此此書出版意義重大。緣此，為之序。

金開人

中國書學研究發展學會　理事長
2010年10月10日寫於 台北國立台灣大學教職員宿舍

序二

　　2010 年 12 月 28 日下午老同學天放來電，告知目前正在寫一本有關古玉真偽訴訟過程，名為「古玉浮沉記」的書，希望筆者能以老同學角度，為其作序。

　　天放同學與筆者為大專同班同學，相識相知已有 40 年時光，學生時的天放同學，印象中喜愛各項運動，諸如乒乓球、籃球、足球都可看到其運動的身影，一度還代表學校參加全國中上學校乒乓球盃比賽，可說是一位運動健將。

　　或許是運動細胞活躍，天放同學也是一個經常為同學間之爭執仗義直言、為弱勢同學挺身而出，甚至出手維護的人。也因為個性使然，後來遇古董商遭調查局惡質查扣古玉器會出手相挺，也就不足為奇。

　　天放同學是外省第二代，母親是有名的中醫師，外祖父則為溫州富商，親朋中任政府高官者甚多，但天放同學卻樂於從商，且事業有成。在同學中，天放是少數能與外省同學、本省同學都能和睦相處的人。

　　由於自幼家中收藏甚多由大陸攜帶來台之古玉，家學淵源加上前往大陸研究古玉之鑑定，在鑑定中國古玉器上有其一定之水平。在本書中亦可看出天放對古玉鑑定之能力與自信，面對強權仍堅持信念毫不退縮，終至推翻「台北故宮」與「國立歷史博物館」錯誤之鑑定，令人佩服。在此期待本書能暢銷於兩岸三地文物界。

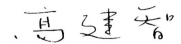

2010/12/30 寫於民主進步黨副祕書長辦公室

作者中國學習之旅

作者金天放先生（左）向「明玉碾琢工藝特徵及仿古作偽的鑑別」乙文作者李久芳老師請益。（攝於中國國立歷史博物館貴賓室）

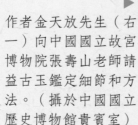 

作者金天放先生（右一）向中國國立故宮博物院張壽山老師請益古玉鑑定細節和方法。（攝於中國國立歷史博物館貴賓室）

作者金天放先生（右一）接受張壽山老師（右二）李久芳老師（左二）劉東瑞老師（左一）有關古玉鑑定各項步驟的指導。（攝於中國國立歷史博物館貴賓室）

李久芳老師（右一）劉東瑞老師（右二）史希光老師（中坐者）（當時任中國國立歷史博物館鑑定委員會委員兼保管部徵集室副主任）及張壽山老師（左一）針對作者金天放先生收藏文物指正鑑定重點。（攝於中國國立歷史博物館貴賓室）

作者金天放先生（左一）隨同劉東瑞老師（時任中華人民共和國文物局國家文物鑑定委員會秘書長乙職）前往中國國立歷史博物館。（攝於館前大道）

前言

　　中國，是一個愛玉的民族，似乎在血液中對玉有一種無法割捨的因子。這種對玉之迷戀，與世界上其他民族，顯然有極大之不同。翻開歷史，中華民族跟玉可說無法分離。

　　筆者外祖父陳益軒君（浙江省青田縣人氏，曾任前清溫州府塩知事，民國初年任浙江省臨時參議會參議員，後經商，在當時有浙江溫州首富之稱，住浙江省溫州西郊外花園坦），母親陳拾璜女士（上海中國醫學院畢業，為民初上海名醫徐小圃弟子，行醫上海），均對中國玉器極為喜好，早年佃戶（外祖父經商致富後，置有良田千畝，均放予鄉民承租耕種），種田挖出古物，均會送交外祖父，外祖父也會給予抵租獎勵。除此，在往來上海、北京洽商公餘之暇，都是前往古董舖消磨時間，遇有喜愛之古玉，總是不計代價購藏。

　　清末民初，封建、民主制度交替，諸多滿清皇親貴族迫於生活，紛紛將家中珍藏釋出，再加以出土文物叢出，特殊的時代背景，造就了北京琉璃廠古董交易極為熱絡。書中刊出之「清　佛光普照佛祖白玉瓶」、「唐　黃玉狗」、「唐　四環獅鈕白玉瓶」、「漢　黃玉雙環饕餮紋玉蓋瓶」、「漢　鏤雕中孔龍紋三螭玉璧」、「漢　多彩沁玉珠串」、「漢　螭紋玉具劍乙式」、「漢　螭龍紋玉蓋瓶」、「漢　螭紋玉蓋碗」、「紅山文化　玉羚羊頭」、「紅山文化　人頭骷髏玉匕首」、「良渚文化　神人騎獸紋玉枕」…等都是外祖父在民初時之收藏。

　　母親常說，外祖父很會做生意，總能看準市場的脈動，大量進出貨物，以降低買價，創造利潤。在購藏古玉時，只要看中意的，往往一買多件，藉此與古董商取得較低的議價空間，及獲得掌櫃贈予小玉器之優惠。母親在外祖父影響下，在上海行醫時，亦復如此向羅伯恭、仇焱之等古董商購買喜愛的玉器。外祖父往生後，由母親主持五姊妹分家，母親即無視其他田產、房舍（外祖父於溫州甌江沿岸擁有數十間倉房），分得外祖父之古玉收藏及少數田產。大陸解放後，這批古玉由筆者二叔金啟仁雇漁船載運至基隆港，交還母親，實為大幸。

　　父親金棨瑊君（浙江省溫州人氏，安徽大學中文系碩士研讀期間，正逢抗戰，返鄉避戰禍時與母親相識，進而戀愛結婚。父親筆名柳絮，擅於作曲，來台後為監察院于右任院長之詩詞，譜有多首愛國歌曲，深受于老之喜愛，文章常見於中央日報副刊），婦唱夫隨，父親受母親影響對古玉也極為喜愛，中年後，對玉器之鑑定，有精闢鑽研與見解。由於母親醫療業務繁忙，筆者對玉器之認知，大都來自父親所授。

　　「古玉浮沉記」乙書，是一本記錄筆者為民間古董商「凡真」查扣古玉，與「台北故宮博物院」、「台北國立歷史博物館」所進行的一場史無前例之真、偽古玉刑事訴訟過程。在書中筆者引用了大量的文件資料；其目的一方面讓讀者瞭解本案司法之攻防重點，二來也藉由這些歷史文件資料，讓讀者見證中國古玉器之各項鑑定科學論證、程序。當然，也可釐清中國古玉之神秘解碼關鍵。透過此書之出版，相信，能提供中國古玉界今後發生爭議時解決之道。同時，也使一些欺世盜名者無所遁行。

　　筆者，除不藏私在書中說明一些辨別古玉之小撇步外，亦在書中刊列家族於清末、民初收藏之各朝代出土古玉，供愛玉者賞評。

第一章　風起雲湧

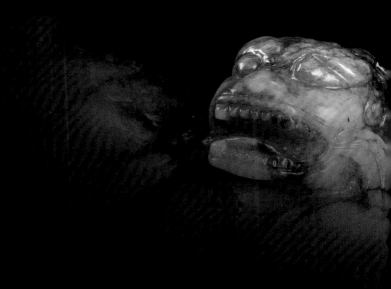

1-1
台北故宮、購藏古玉

　　台北故宮中之古玉典藏，一向是收藏家夢中至高無上的中國文物，理由無非有三：

一、台北故宮收藏古玉多半緣自清宮，來源清楚，再加上乾隆帝諸多的評鑑，使古玉更添貴氣。

二、台北故宮古玉研究者諸如那志良等，藉由台北故宮古玉文章之發表，是為研究中國古玉者必讀之文章。

三、台北故宮藏玉數量甚多，尤以清宮之和田玉山子、翠玉白菜等，不論質量、碾工之工法均堪稱世界之最，以此而言，事實台北故宮已無需再有任何購藏，已足以展示古玉之風貌。

　　也因此，台北故宮〝編列〞預算購藏古玉，不但是令人不解，也是一件大事；但這件大事竟然事前外界一無所知，其採購過程更是疑雲重重。

　　本來台北故宮欲購藏文物，只要向外界說明，坦白而言，根本無需多編列預算。因為，眾多的民間收藏家或古董商，都莫不以能將自身收藏文物捐贈成為故宮文物，感到榮耀。究其因，除可藉此舉彰顯收藏者本身之品味，更重要的是可凸顯收藏者之眼力，無形中為收藏者其他之收藏物增添幾分貴氣。

　　因此自台北故宮遷台後，許多藏家透過正常管道將收購文物捐贈故宮，豐富了台北故宮之典藏。古玉種類何止萬千，即令窮一國之力，亦無法將世間出土之古玉收藏於一室，以台北故宮之地位，除非所欲收藏之文物為世界之最或具歷史意義者，否則根本無需浪費公帑進行購藏。

　　誠如筆者前文所言，台北故宮欲購藏文物只要向外公開，自有眾多民間收藏家不計成本將所藏捐贈台北故宮。即令台北故宮欲出資購買，亦可藉此公開化降低費用，取得同性質中最真、善、美的文物。

　　但台北故宮捨此正道不做，一開始即種下了後來遭受各界質疑、以及監察院糾正之禍根，可謂咎由自取。亦為台北故宮典藏史留下令人遺憾的污點。

　　台北故宮玉器組自 1995 年開始與○○堂、○中○、觀○等數家古董商進行一連串的交流，除了編列大量預算，對此數家古董商進行購藏外，更配合此數家古董商，在台北故宮一樓展示廳中舉辦史無前例的民間古玉展，並為展出之玉器出書。如此，等同間接、直接為此數家古董商之玉器背書，當然也讓這數家的古董商在短短數年中賺進大筆之鈔票，真相如何，耐人尋味。

唐　四環獅鈕白玉瓶 圖1

高 30.5 cm × 寬 13.2 cm × 厚 9 cm

藏品來源：
溫州府鹽知事、浙江省參議員 陳益軒先生
1913 年購於北平琉璃廠
大觀齋古玩鋪 趙佩齋經理

文物賞析重點提示：
本器受風化溶蝕極為嚴重，瓶身右半部經溶蝕後已呈膠結物晶體之蛀孔狀蝕斑，惟無損其整體外觀，反呈現歲月獨有之痕跡。瓶蓋獅鈕玉獅，火雲狀獅尾，圓椎背脊，為唐代圓雕動物之工法表現。唐代玉瓶存世者極少，如本器之中大型玉瓶擺件更為罕見。

1-2
文物收藏、要真要美

　　小時候筆者父親在教筆者鑑賞古董時，常提醒筆者古董除了是「真」古董外，更重要的是要「美」，否則，路邊任何一塊石頭，其歲月絕對超過任何古董。因此即令是雅石收藏者，也必然是該石頭具有觀賞性，也就是「美」。所以如只會收藏一些只是「古」却不「美」之古物，那麼這個人一定是個傻子、瘋子。

　　但偏偏有些自認為專家的人，却一味只追求「古」（當然是不是「古」還是個問題），而完全忽略古董最重要的「美」。試問，如果台北故宮中所典藏之文物，都是不美，那還有誰願意花錢買參觀券去看它們。也因為故宮典藏之文物除了罕有外，件件文物更都是美到極點。因此，國內外人士紛紛不遠千里來看「翠玉白菜」……等，無非是它「真美」。

　　八國聯軍打入北京，搜刮圓明園中無數珍寶，近年在國際拍賣界炒到天價的十二生肖銅獸首，除了它是皇家庭園中具有代表性之文物外，就已現身之各生肖銅獸首，基本上其外觀都是十分完整、具有觀賞性。如果這些銅獸首殘缺不堪，就算是「真」的，相信價值也就不高了。

　　青花殘瓷、殘片、古玉殘塊可做研究鑑定瓷器、古玉器之鑑定教材，但却無典藏之價值，還是那一句話因為它不美。

17

　　台北故宮在 1995 年至 2000 年期間，為了應付外界質疑耗資數億購藏古玉確有其價值性，特別選具數十件台北故宮認為具有代表性之玉器予以展出。而台北故宮玉器組會將這些購藏玉器予以公開展示，想必是自認為符合他們一再向外界所說的「具有研究性、價值性」，並能補足台北故宮古玉收藏不足之部份。但講句實話，1980 年代間大陸地區大量盜墓之古玉流至香港，如以台北故宮收購之玉器，其品相均如事後展出之玉器一般，筆者估計就當時市價不會超過新台幣貳仟萬元左右，而台北故宮竟耗資數億價購，難免引起外界之質疑。

　　台北故宮展出之收購古玉，以筆者父親鑑賞古玉之品味，即令通通是真古玉，其 大部份也不過是父親眼中的：「一堆垃圾級的古玉」，因為，它根本不「美」，且部份還是殘缺不全的。

唐 黃玉背光18羅漢佛祖像 圖2

高 30 cm × 寬 19.7 cm × 厚 6.6 cm

文物賞析重點提示：

唐代玉器傳世、出土物件，尤其是玉擺件相較其他朝代本就不多。由本書所刊列之陳氏家族舊藏之唐代玉器，或可一窺唐代玉器，亦有其可觀之處。本器風化十分嚴重，次生生長遍佈全器，佛祖蓮座部份透閃石次生，在顯微放大下清晰可見凸出於玉器紋飾表面，為極珍貴之盛唐背光玉佛。

藏品來源：

陳拾璜醫師

1946～1949 年間購於上海江西路北口路東

藝林古玩店　羅伯恭掌櫃

1-3
凡真公司、掀起戰火

　　西元 1985 年，也就是民國 74 年，台灣政府開放大陸探親，隨著往返大陸人數激增，也帶來台灣地區一波對中國古文物的收藏熱潮。

　　九〇年代，香港、台灣許多人士透過各種管道取得中國文物後即陸續設立古董店，而對中國古文物有興趣者也在此風潮下開始追逐文物之收藏。由於當時大陸地區民生凋零，人民所得偏低，在金錢的誘惑下盜墓風氣極盛，根據大陸有關機關之統計，各地古墓可謂十墓九空。這種自古以來沒本的生意，也給香港、台灣一些古董商，帶來商機。

　　以台灣地區在西元九〇年代後民眾所購得之古玉器，百分之九十以上均屬此類來路，然一般民眾喜好購藏還無所謂（因當時中國大陸對古文物之管制尚十分寬鬆），但如為國家最高之典藏文物機構，在未查明所購藏文物之來源前，即貿然購入，自然有損台北故宮之清譽，這也是後來監察院糾正案糾正臺北故宮的一項重點。

　　坊間古董商凡真公司透過特殊管道，獲得一批盜墓流出之古玉器，當然一如所有古董商一樣，購入之成本極低，於是想透過公開展示、拍賣的營業方式來營利。自西元 1995 年 12 月起在台北市士林區高島屋舉行第一次展示拍賣後，在四年中共計在台灣全島舉行了 15 場展示拍賣會，其時間、地點如后：

　　1995 年 12 月　於台北市大葉高島屋百貨 首次展售

　　1996 年 6 月　　於台北縣八里鄉八仙樂園

　　1996 年 9 月　　於台北市大葉高島屋百貨

　　1996 年 11 月　於台北市永琦百貨

　　1997 年 元月　　於高市霖園大飯店

　　1997 年 3 月　　於台中市來來百貨

　　1997 年 5 月　　於台北市玄門藝術中心

1997 年 6 月 　 於台北市環亞百貨

1997 年 8 月 8 日～8 月 28 日　台北市國父紀念館

1997 年 8 月 30 日～9 月 1 日　受佛佗基金會之邀

1997 年 10 月 　 於台中市來來百貨

1997 年 11 月 　 於台北市遠企購物中心

1997 年 元月 　 於中壢市來來百貨

1998 年 2 月 　 於台北市明德春天百貨

1998 年 3 月 　 於台北市環亞百貨

1998 年 3 月上旬 　 在環亞百貨展示場，預訂 13 日進行玉器拍賣時，遭調查局台北市調查處以詐欺為由，查扣現場展示所有玉器，並立即於當日晚間發佈新聞，指稱「凡真」公司販售假古玉，負責人陳○○並已羈押在案。

由於「凡真」之玉器無論精美度或完整性均優於台北故宮與一般仕商名流購自古董商之文物，再加上「凡真」訂價遠低於當時一般古董商之行情。因此，難免引起古玉界之議論。影響更大的是，許多原先購買較貴古玉之仕商名流，紛紛向古董商抱怨買貴了，而台北故宮鉅資購入品相更差之玉器，其流言也就更多了。

此時，古董界就傳出有人要修理「凡真」，目的是為了要使自己所售玉器之高價合理化。而要達到此最簡單的方法莫如指稱「凡真」之玉器為「仿古玉」。於是幕後黑手透過關係查明「凡真」負責人陳○○有搶劫、藥品等多項前科。即在 1998 年 3 月 13 日中午由調查局台北市調處乘「凡真」在環亞百貨展示、拍賣時，發動搜索，前往查扣所有展示玉器，並在最短時間內（當天晚間電視新聞）向各大媒體發佈消息，指稱「凡真」販售假古玉，且負責人遭收押禁見。以如此大陣仗方式查扣罪刑甚輕之詐欺罪辦案行動，可說絕無僅有，其用心何在，讀者一想即知。

　　這項天衣無縫的司法辦案行動，如依我國刑事訴訟法相關規定，「凡真」案一經起訴、一審、二審判決確定，所有查扣玉器將全部依法銷毀。先不論「凡真」玉器之來源為何，單就中華文物之保存價值，將造成極為嚴重之傷害。

　　文物是國家文化歷史之見證，玉器文化更是中華文化獨特之一章，筆者在明知所查扣之古玉確屬古文物下，如任其判決、銷毀，當非畢身喜愛中國古文物之筆者所能接受。因此，決定出手幫助，為「凡真」打這場艱困的官司。

唐　右天神玉擺件 圖3

高 22.5 cm × 寬 10 cm × 厚 6 cm

文物賞析重點提示：

本器係五天神中之右天神。以和闐籽料帶青黃玉碾琢而成，
器身除呈褐色沁（為玉內之二價鐵元素經風化轉換為三價鐵
所致），風化過程之白化現象呈斑點狀，顯微放大下，受沁
白化處透閃石次生、陽起石次生等現象處處可見。為盛唐宮
廷玉擺件。

藏品來源：

陳拾璜醫師
1946～1949 年間購於上海江西路北口路東
藝林古玩店　羅伯恭掌櫃

23

1-4
挺身而出、搶救文物

　　一般消費刑事詐欺案件，多半是受害消費者在退貨無門下，向司法單位如警察局或法院提出告訴。由調查局偵辦，本就少之又少。而「凡真」乙案，自始至終都沒有受害人出面指控，也沒有消費者要求退貨。各位讀者您說奇不奇，怪不怪！作者與「凡真」負責人在案發前，僅為收藏者與古董商關係，在「凡真」展示、拍賣中，筆者曾參與拍賣會，購進幾件玉器，也承負責人的好意，筆者得以 15 倍放大鏡仔細觀察「凡真」多數玉器，以筆者家族百年收藏古玉之經驗、心得，確認所觀察過的都是古玉器無誤。因此，台北市調處以販售仿古玉為名將「凡真」負責人收押，並查扣所有販售玉器，筆者覺的太過了些。

　　第二天筆者照「凡真」先前給予之名片打電話給「凡真」負責人（當時不知其已遭收押），接電話的是負責人讀小學之女兒。在電話中，小朋友告知筆者：「警察說她爸爸賣假玉，現在爸爸被捉起來。」筆者聽後安慰小朋友：「您爸爸賣的是真的古玉，沒騙人。」並叫小朋友用筆記下筆者行動電話號碼，要小朋友等她爸爸回來，立刻打電話給筆者。

　　一個多月後，「凡真」負責人終止收押，在當天上午走出看守所後，即打電話給筆者（事後據該負責人告知，當「凡真」出事後，因事涉調查局多半朋友不敢聞問，只有筆者電話關心），下午即到筆者木柵住家，敘述這一段時間所遭受之折磨。後並向筆者借款新台幣壹拾萬元整做為律師費（因凡真公司及負責人個人之銀行帳戶案發後均遭凍結，無錢支付律師費。此借款「凡真」事後歸還）。

　　本案以極快速度由台北市調處移交台灣板橋地方法院檢察署偵辦後，筆者還與前台灣士林地方法院退休書記官長馮玉明先生二人共同出庭為「凡真」所售玉器作証為「真品」。筆者並在偵查庭上向詹駿鴻承辦檢察官大聲呼籲：「身為國家之檢察官不可草率辦案，應力求公平，否則空由國家賦予檢察官職務。」可能是當時筆者部份用詞過於激烈，詹駿鴻檢察官似受到刺激，隨即摒退庭上所有人，只留筆者一人後，詹駿鴻檢察官請筆者上其審判台，拿出卷宗，出示「國立故宮博物院」函文予筆者觀看。筆者看到該函文上面載明：「查扣之物

均非我國文物資產保存法之文物」。換句話說，就是仿古玉。該公文全函內容
如后：

國立故宮博院　函

　　　　　　機關地址：台北市士林區至善路二段二二一號

　　　　　傳　　真：（○二）二八八二‐一四四○

受文者：台灣台北地方法院

速　　別：

密等及解密條件：

發文日期：中華民國捌拾柒年拾貳月拾伍日

發文字號：（87）台博秘字第○三六八○號

附　　件：

主　　旨：關於　貴院函請就本院八十七年六月九日八七台博器字第九一號
　　　　　函復板橋地方法院檢察署認該玉器非文化資產保護法之古物，其
　　　　　鑑定依據？又何以認該批玉器非屬古物之問題，請本院惠復一案，
　　　　　復如說明二，請　查照卓參。

說　　明：

　　一、復民國八十七年十二月四日北院義刑團八七訴一二四五字第
　　　　四一一七四號函。

　　二、查玉器等古文物，因係人為形成，其形制、雕紋、材質均反映人
　　　　類在特定時、空定點下之文化背景，因此，欲鑑別古物之真偽，首
　　　　先必須瞭解該物所處、空定點之文化現象，基此，各該器物是否為
　　　　古物，其本身之質地、紋飾、雕工、沁色、光澤等，足以提供鑑別

　　時可循之跡。茲以本案所涉玉器甚夥，實難逐一敘明其鑑別依據，惟是批玉器之玉質、紋飾、雕工、沁色、光澤等細究之，均可知其非為文化資產保護法所稱之古物。

正本：台灣台北地方法院
副本：無

國立故宮博物院

　　詹駿鴻檢察官出示此函，其用意應在告知筆者其並非未為「凡真」尋求無罪之証據，惟現在連台北故宮也出函証明「凡真」查扣之物為仿古玉，其已善盡檢察官為被告查証無罪之義務。基於法律偵查不公開原則，詹駿鴻檢察官令筆者在本案未起訴前不得洩露此偵查機密，以免觸犯法令。筆者當時未向任何人說過此段事宜。

　　惟當筆者看完台北故宮之函文後，仍向詹駿鴻檢察官提出己見，告訴詹駿鴻檢察官參與此案的台北史博館、台北故宮之鑑定人員，並非具有國際鑑定單位認可之專業玉器鑑定專家。本案為求慎重檢察官是否仍應循國際之慣例，將有爭議文物交由公正專業人員組成鑑定團來重新鑑定。筆者之建議當然無法為檢察官所接受，檢察官在有了史博館、台北故宮之鑑定函（內容均稱查扣玉器非屬我國文物資產保存法所稱文物），即於 1998 年 7 月 29 日將「凡真」負責人提起公訴，起訴書全文如后：

臺灣板橋地方法院檢察署檢察官起訴書 八十七年度偵字第 0000 號
被　　告：陳 ○ ○
選任辯護人　劉永良 律師

　　右被告因常業詐欺案件，業經偵查終結，認為應該提起公訴，茲將犯罪事實、證據並所犯法條敍述如左：

一、陳○○曾於民國七十四年七月二十日犯○○罪，經法院判處有期徒刑六年一月，於七十九年二月一日交付保護管束，並旋於七十九年十一月二十二日因販賣安○○○，經法院判處有期徒刑三年，於八十二年七月二十六日執行完畢，猶不知悔改，在偶然之情形下得知目前國內古玉市場十分紊亂，即思加以利用，並積極自修古玉之相關知識，俾便以所知之古玉知識作為詐騙不知情他人之手段。陳○○為遂其大規模詐騙他人之目的，自八十四年十月間起，即於台北縣蘆洲市民權路○○○巷○○號○樓成立凡真○○有限公司（以下簡稱凡真公司），渠為打響知名度並取信他人，便與不知情之慈善基金會等公益團體合作，由其提供玉器（佯稱偽古玉）予各該慈善團體義賣做為籌募善款之用，俟其確立知名度後，自八十五年六月間起便以「中華民國歷代寶玉大展」名義在附表一台北市松山區環亞百貨公司等地舉辦全國性巡迴展覽，陳○○明知其所有之玉器均係自台北市光華商場等地以低價買得之劣質玉器，竟基於意圖為自己不法所有之常業詐欺犯意，於附表一所示會場中公開販售渠於台北市光華商場等地以低價買得之劣質玉器，渠在會場中為吸引買氣，即以古玉專家「陳老師」名義自居，除對外講授古玉之知識外，且詭稱渠有氣功，可以用發功之方式將古玉中之濁氣逼出還原古玉之品相，若有顧客懷疑渠所販賣玉器年代之真實性時，陳○○即以由凡真公司開立保證書保證玉器年代之方式，使附表二所示鄭○○等不知情之客人於台北市松山區環亞百貨公司等地陷於錯誤，誤信陳○○所販賣之玉器均保證書所載中國古代商、周、兩漢等朝代之古物，而以客觀上顯不相當之價格買受之，迨鄭○○等不知情之客人買回陳○○所售予之玉器，經把玩後逐漸褪色喪失原有之光澤，鄭○○等人始知受騙並即向法務部調查局台北市調處檢舉，嗣於

八十七年三月十三日，經法務部調查局台北市調處報請檢察官指揮搜索台北市環亞百貨公司凡真公司之展示中心及凡真公司位於台北縣蘆洲市民權路○○○巷○○號○樓之住處，扣得如附表三所示之玉器後，始瓦解陳○○以不實證明書詐騙他人購買玉器之犯行。

二、案經法務部調查局台北市調查處移請偵辦。

證據並所犯法條

一、訊之被告陳○○矢口否認右揭犯行，並辯稱：伊所販售之玉器，均係伊精心收藏之結晶，部分之古玉並曾伊以氣功方式將濁氣逼出以還原品相，而售予顧客之古玉，均經伊慎重鑑定斷定年代後，始開具保證書予顧客；且伊所開具之保證書均有註明顧客若有不滿，可於六個月內退換其他玉器，伊實未詐騙鄭○○等被害人，伊係遭人誣陷云云。經查：被告所有扣案如附表三所示之玉器，經分別送請國立歷史博物館及國立故宮博物院鑑定之結果，均認並非文化資產保存法所稱之古物，此有國立歷史博物館八十七年四月三日（八七）台博研字第六七三號函及國立故宮博物院八十七年六月九日（八七）台博器字第九一○號函各一份在卷可資佐證，是被告空言伊所收藏扣案如附表三所示之玉器均係「古玉」云云，諉不可採，被告堅稱附表三所示之玉器均係「古玉」，不過係被告為欺矇消費大眾購買其劣質玉器之方式及手段。次查：被告另稱其可以氣功之方式盤玉，並將古玉之濁氣逼出以還原古玉之品相云云，然經當庭請被告示範氣功發功之情形，檢察官並未親見被告發功後之現象，則其所言可以氣功盤玉云云，即難令人置信；且「意盤」固為盤玉養玉之一種方式，但其理論基礎在於盤玉人可經由長時間對玉之觀照，而影響玉客觀之形態，終究並非一蹴可幾，被告所謂以氣功盤玉云云，亦不過是其似是而非，同以誤導不知情消費大眾之手段爾。末查：被告所開立之保證書，雖有六個月內可退換之記載，

不過被告所有如附表三所示之玉器，均非「古玉」之事實業如前述，則縱令有人向被告請求退換購得之玉器，不過係把甲種劣質玉器換為乙種劣質玉器，不知情之消費者所持有者，亦將是與客觀價格顯不相當之劣質玉器。且被告於向不特定客戶兜售玉器時，均再三保證所賣之玉器是古玉，而此種保証已深深影響不特定客戶購買被告玉器之意願等情，復經宋○○、李○○、辛○○、蔡○○、鄭○○、儲○○到庭結證無訛在卷，凡此均足證本件被告以開立不實保證書取信不知情消費者而遂其出售劣質玉器之詐騙行為。從而，被告所辯各節，均不可採，渠之犯嫌，已洵堪認定。

二、核被告所為，係犯刑法第三百四十條之常業詐欺罪嫌，渠於有期徒刑執行完畢後，五年內再犯有期徒刑以上之本罪，請論以累犯，並加重其刑二分之一。經查：本件被告利用目前國內玉器市場之紊亂現象及國人普遍對古玉及玉器缺乏正確認識又喜收藏之弱點，以出具不實保證書之方式訛騙不知情之消費者，惡性實屬非輕，矧被告之上開行為，除嚴重破壞玉器市場之市場機制外，亦將不知情之消費者玩弄於股掌之間，衡情自有加重處罰之必要，爰請對被告量處有期徒刑二年，以示薄懲。

三、依刑事訴訟法第二百五十一條第一項提起公訴。

此　致
臺灣台北板橋地方法院
中華民國八十七年七月廿九日
檢察官 詹駿鴻

　　嚴格來說，詹駿鴻檢察官是一個相當有耐心且不錯的司法人員；就其在偵查庭中能讓筆者以證人之身份暢所欲言，不加阻止。事後並出示台北故宮之公函，向筆者說明其為「凡真」乙案找無罪證據之過程。坦白說，能遇到這樣有愛心、同理心的司法人員，已是十分難能可貴。

　　可惜，就一般人對古董事務的思考邏輯，總認為如果是經過台北史博館、台北故宮的專家們，都鑑定系爭古玉為「仿古玉」時，要想改變這結果事實上是比登天還難。詹駿鴻檢察官也因台北故宮的一封所謂「鑑定公函」，不得不將「凡真」乙案提起公訴；就司法論證詹駿鴻檢察官並無不當。

　　構成一件買賣之詐欺案件，不可或缺的兩造，一是被告、一是告訴人（即被害人）。但在本案中，卻始終未見有告訴人（詳參檢察官起訴書），這是十分詭異的地方。因為一件刑事案件既無被害人，則基本上如何能成案。

　　在偵查期中，檢察官也曾傳訊「凡真」客戶宋○○等 6 名，然而這些客戶部分在偵訊時均認為購自「凡真」之古玉，價錢合理，不認為有被詐欺。部分則認為如經司法鑑定是真古玉，則不願退貨。但均無人願意提出詐欺告訴，且均否認有向調查局檢舉。

　　就這樣，在無受害人情形下，只因台北故宮、台北史博館的玉器專家鑑定系爭古玉為「仿古玉」，即成立了本詐欺案，足見本案鑑定人之鑑定古玉能力，是左右本案起訴與否關鍵。

唐 右中天神玉擺件 _{圖4}

高 18 cm × 寬 10.5 cm × 厚 6 cm

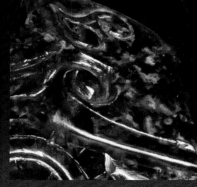

文物賞析重點提示：

本器係五天神中之右中天神。以和闐籽料帶青黃玉碾琢而成，
器身除呈褐色沁（為玉內之二價鐵元素經風化轉換為三價鐵
所致），風化過程之白化現象呈斑點狀，顯微放大下，受沁
白化處透閃石次生、陽起石次生等現象處處可見。為盛唐宮
廷玉擺件。

藏品來源：

陳拾璜醫師

1946 ～ 1949 年間購於上海江西路北口路東
藝林古玩店　羅伯恭掌櫃

1-5
球友好心、透露監聽

　　筆者生平不做虧心事，自然夜半敲門心不驚。對於不平之事，即令事不關己只要能幫上朋友的忙，一定幫到底。「凡真」一案，事實與筆者並不相干，也無利益糾葛，但基於是非，筆者乃全心投入。

　　筆者年輕時喜愛打籃球，50 歲以前每星期至球場打二場鬥牛賽，享受運動所帶來之身心舒暢，球友中有一隊名為「展抱」，稍為注意一點的就知道其成員是調查局的人（調查局所在地即稱展抱山莊），其中有二、三位球友與筆者球誼甚佳。

　　1998 年 7 月中旬，在打球空檔中，一位球友拿著一封影印的信交給筆者，並告知筆者打電話時要留意，因筆者已被監聽。事後，筆者看了球友拿給之影印信，從內容瞭解是一位名為管廷理的市民，在看過 1998 年 6 月 28 日「獨家報導」有關「凡真」乙案報導後，寫給台北市調查處的一封個人感言的信。球友拿此信給筆者，一要藉此取信筆者遭電話監聽之事實，二是對市調處某些調查員之所作所為，未能苟同。現將管廷理先生致市調處全信內容，載列於後，由此信中所述，可知調查局在處理「凡真」乙案中確有甚多濫用職權之處：

調查局台北調查處主管先生：

　　我看了一九九八年六月廿八日出版的「獨家報導」周刊，有關貴處與玉商陳○○鑑定古玉一案，所述經過情形，姑不論是否事實，就以雙方各執說詞，我以客觀公正的立場，說幾句公道話，此事發生後，見諸報端，我就知道貴處處理此事，似太草率毛躁，小題大作，台灣不產古玉，自大陸開放後，古玉始大量流入台灣市場，玩古玉者，憑個人所好，漸漸的得到一點辨識的經驗，我敢說台灣根本沒有鑑定專家；就是大陸，也只有說有人通曉而已，因為學校中無此科系，就沒有造就此種鑑定人才，尤以古玉其中變化多端、奧妙無窮。普通玉，可以辨真偽，高檔仿古者鑑定即難了。有人說請地質學家以科學化驗，那僅得到玉質的了解，對造型刻工斷代還是茫然不知。最近華人旅遊電台每

週六晚上七時卅分，有一位魏浩然先生，講古玉鑑定，並出示玉品，自稱是戰國時期諸侯用物，所說的一知半解，妄加論斷，誤導愛玉人士認識偏差。有人說台灣有兩位專家，即那與謝先生（姑隱其名）。其實比較有點豐富經驗，自我吹噓，騙那些初玩玉的人，有很多人開班授徒，沒有教材，開始首先說不要教我鑑定古玉真假。所以說台灣根本沒有古玉鑑定真偽的專家，因此有好的古玉，可以說是真的，也可以說是假。玩玉的人常說一句自慰的話「喜歡就好」。

就此事而言，我有一點公正的看法：

一、檢舉的人有沒有提出證物，如沒有出示證物只說有人檢舉那是沒有根據的，調查人員偵查不公開，我是過來人承認此說，如果到了法院進行審判程序時，證人（即檢舉人）證物，不得不出現了。否則如何判定有無刑責。我想有人嫉妒，故意陷害，貴處被人利用了。

二、有人檢舉，如提出證據，可先研判是否有詐欺行為應單純的依法處理，而竟兵分三路查封現場、公司及家中之玉，確太過份。如此盲目抄家行為，在今日民主社會裡，如此膽大妄為試問執行人員有無行過失責任？

三、教育部對歷史博物館應該知其有無鑑定能力，我經常到歷史館參觀，除書畫展，賣複製品，擺設幾件常年的古物，根本沒有像故宮博物院典藏古玉，那來的鑑定專家，教育部承辦人員有失職之責。再者歷史博物館黃館長事前知否此事，如果黃館長指派黃永川鑑定，黃館長應負知其不可為而為之的行政責任。

四、黃永川他是學不中不西畫的，當上副館長，可謂祖上有德。他說：「在海關工作二十年的經驗」。試問海關是鑑定古玉的機關嗎？黃先生擔任的是鑑定古玉的工作嗎？僅憑在海關工作廿年就是鑑定古玉的專家，請問在海關服務廿年以上者，更是鑑定古玉資深的高級專家了，此說真是荒謬已極。

五、黃先生說「鑑定是一種藝術，就好像電話另一端傳來一聲『喂』！就知道是誰打來的？又好比菜入口即知道對不對味，何必整盤吃完呢？憑我在海關工作廿幾年的經驗，定眼一看便知真假，當然很快！！」此種比譬，真是不倫不類，例如：你的家人或至親好友，經常交談，給你的電話，可以聽出聲音來判斷是誰，平常不多交往的人，甚至陌生人來電話，你能馬上反映出是誰嗎？吃菜不合口味，要知每種菜不是都合大眾口味，例如：四川菜辣味太重，你不敢吃，四川人吃來津津有味，僅憑你的主觀意識，否定多數人客觀的肯定，合情合理合法嗎？再說僅憑在海關工作廿年就有鑑定古玉專長，太狂妄自大了，你的妄斷，害苦了陳○○良心何忍。不自反省反而狡辯，尤令人齒冷。

六、玉器的斷代是很難的事，例如：一件漢代的玉器，玉商標籤為戰國時代，兩代之間隔了秦代，秦代只有始皇瀛政，二世胡亥，繼為孺子嬰，僅有三代二、三十年而已，再說玉器的沁色、造型、雕工完全相同，你不能說他標誌是戰國時期的就是詐欺，那誰又敢肯定是漢朝時期呢？又說是新雕的，坦白說：有老玉新雕，如果是老玉後雕，仍有收藏價值，但誰又敢斷定是後雕？是新雕？說說可以不負責任，但提不出證據來。那只有任憑玉商自己斷定了。

七、請故宮博物院鑑定沒有反映，那就是故宮博物院高明的地方，因為茲事體大，他們也不敢冒然鑑定真偽自尋麻煩。

八、我記得當年有一位立法委員，他是國民黨黨團副書記長（同美國參院多數黨副領袖）他在立法院的事都告訴我，他說：審查歷史博物館及藝術館年度預算時，他提出這兩院不務正業，浪費公帑，應刪減預算，我說：「說了就算了，得饒人處且饒人」。他很聽我話，就此作罷，可見歷史博物館沒有歷史文化價值，因無人才及經費故也，那時館長為何浩天先生。

九、此案若陳○○先生向法院提出告訴，則調查處①犯了妨害自由罪（沒有可

信的證人證物而遽押無罪之人）。②扣押與損壞有價值之產物應予賠償。③有誣陷他人詐欺罪之嫌。④負責賠償押禁四十六天生活所得之損失。

十、黃永川先生犯了沒有專業資格，而作不實鑑定，致使陳○○人財受到損失，有偽證之罪嫌，市調處說黃先生是鑑定專家，請他拿出合法鑑定古玉師的證明來。

十一、地檢處起訴要有人證物證，同時檢察官、地方法院、高院各法官以及律師都是法律出身者，讀的是同一本刑事、民事訴訟法，他們之間對一件案子都有不同的見解，有的起訴，有的不起訴，有的判有罪，有的判無罪。何況鑑定古玉既無典章可依據，又無相同真品可比對，不可以說有人檢舉即判有罪，調查局屬於法務部，調查人員亦應有法律常識才好辦案，當不致官逼民怨也。

十二、市調處說：「除非，他自己找到國際級的鑑定人物，例如：上海史博物館的館長」，這又是外行話，上海史博物館館長不一定對古玉有研究，如果以官職論，何必捨近求遠，請故宮博物院秦院長檢定即可。我知道秦院長文學修養很好，他也不懂古玉。台灣也有國際級金銀珠寶鑑定師，但不包括古玉在內，有一位國際鑑定師，他將古玉的沁色一概否定，請問他的鑑定可以信任嗎？我是以第三者作公正的陳述意見和陳○○毫無關係，當不至獲罪吧？

市民：管廷理　敬書

八十七年六月二十九日

　　民眾管先生寄了這封信後，在台北市調查處內獲得部份有正義感人員的認同，都認為以台北市調處之司法地位是否有必要涉入一般非組織犯罪詐欺案中。同時，本案更令人不解的是，在案發當時並無所謂的「受害人」。在一個無受害人的「詐欺」案，即動員大批調查人員，進行查扣玉器、羈押負責人，凍結「凡真」公司所有帳戶、資金，這種如「抄家滅族」般的大動作，令人不可思議。此行為也誠如管先生所言，不但「過當」且「惡質」。

　　也因為如此，方有台北市調處內部人員看不下去將此信交付筆者，並提醒筆者在電話中不要談太多之案情，以免影響案情真相之追求。對於這些有正義感的調查局人員，筆者深深感謝，但也相信，真理不會被掩蓋，古玉有靈，真相終將大白。

唐　中天元帥玉擺件 圖5

高 20 cm × 寬 10.5 cm × 厚 7 cm

文物賞析重點提示：
本器係五天神中之中天元帥。以和闐籽料帶青黃玉碾琢而成，
器身除呈褐色沁（為玉內之二價鐵元素經風化轉換為三價鐵
所致），風化過程之白化現象呈斑點狀顯微放大下，受沁白
化處透閃石次生、陽起石次生等現象處處可見。為盛唐宮廷
玉擺件。

藏品來源：
陳拾璜醫師
1946～1949 年間購於上海江西路北口路東
藝林古玩店　羅伯恭掌櫃

1-6
調查人員、違法亂紀

　　管先生致台北市調查處的一封信，雖然描述了一些調查人員之違法、濫權之處，但實際上在「凡真」乙案的搜索、查扣、羈押等程序上，均有許多違法亂紀之處，台北市調查處人員會如此做，箇中原因，值得玩味。

　　1998 年 3 月 13 日台北市調處調查人員，所持有之檢察官簽發搜索票，搜索範圍僅限於「凡真公司」，但調查人員卻擅自擴大搜索、查扣範圍至負責人蘆洲之住宅，並查扣私宅內玉器共計十一大箱，此項行為顯然違法。負責人在羈押四十六天出獄後，經多次反映，台北市調處於 1998 年 4 月 28 日電話通知「凡真」負責人領回非法查扣住宅內玉器，惟經領回後，發現有十件玉器毀損，於是在 1998 年 5 月 22 日由筆者代筆致函台北市調處，要求釐清責任，全函如后：

凡真國際有限公司　　函

受文者：台北市調查處

副　　本：台北板橋地方法院檢查署

副　　本：國立歷史博物館

主　　旨：查本公司八十七年度偵字第五五五八號常業詐欺刑事案所經台北市
　　　　　調處查扣古玉乙批，於八十七年四月二十九日先行發還之古玉三百餘
　　　　　件，經本公司初步查點後，共有拾件因　貴處保存不良造成毀損。為
　　　　　釐清查扣古玉保管責任暨今後本公司追償事宜，特將毀損古玉品名陳
　　　　　列於說明中，敬請查照。

說　明：

（一）破損古玉名

年代	品名	尺寸（CM）	破損情形	附件照片
文化期	錐形珮	長 7.3	中間折斷	一
西周	玉雞擺件	高 5.2	雞翅尾部　足部破損	二
東周	匕首	長 13.0	匕柄折斷	三
漢朝	辟邪	長 5.3	鼻頭碰損	四
漢朝	玉羊	長 9.4	頭角處碰損	五
漢朝	蟠螭系璧	直徑 5.4	螭尾部壓應力破裂	六
漢朝	玉蟬	長 6.5	象鼻穿孔　上方碰損	七
漢朝	辟邪	長 14.5	尾部折斷	八
宋朝	玉馬	長 6.4	馬耳處破損	九
清朝	佛座像	高 8.3	背光頂部　火燄處破損	十

（二）為避免再有古玉因　貴處保管不良所造成之破損，敬請　貴處妥善
　　　保管尚遭查扣之六百餘件古玉，抑或經本公司委請之律師公證下逕
　　　交本公司保管為禱，以免今後再有破損而引發之民事賠償訴訟。

凡真國際有限公司

負責人：陳○○

中華民國八十七年五月二十二日

　　台北市調查處在收到函文後，於 87 年 5 月 29 日以「（87）肆字第 742226 號」函復文，內文如后：

　　　　　　　　　　　　　　　　　　中華民國捌柒年伍月廿玖日

　　　　　　　　　　　　　　　　　　（87）肆字第 742226 號

　　○○先生：

　　五月廿二日來函敬悉。

　　台端於八十七年四月廿八日至本處領回非扣押物品計拾壹箱，均經台端親自檢點收，且當場簽名，並無異議，何來"毀損"乙節？既經領回，本處自然無需承擔保管責任。另本案已進入司法程序，相關扣押物品須依法移送地檢署偵辦，所請發還乙節，歉難照辦。

　　耑此，並頌

　　時　　　祺

　　　　　　　　　　　　　　　　　　法務部調查局台北市調查處

　　在此函中，令筆者不解的事，是台北市調查處既然在文中載明，「凡真」領回之拾壹箱原查扣之玉器原來是「非扣押物品」，則為何當初可任意查扣非扣押物品。為了抗議台北市調查處之違法濫權，「凡真」於 87 年 6 月再由筆者代筆，寄出一封名為「人民應有免於恐懼及財產保障之法律人權」之陳情書。致法務部調查局，全書內容如后：

人民應有免於恐懼及財產保障之法律人權

一、調查局台北市調處在八十七年三月十三日，以「凡真○○有限公司」販售假古玉而涉嫌詐欺為由，任意強行查扣「凡真」位於台北縣蘆洲市公司所在地之玉器、負責人陳○○先生家中古玉，以及正在台北市環亞百貨公司展售之玉器共一仟餘件。其中，調查員在「凡真」公司及負責人家中之古玉器在查扣過程中除未告知任何法律相關人權；同時，在查扣玉器過程中均未與被查扣人公司職員、家人逐一清點查扣品，此種漠視人民財產之行為，被查扣人不竟要問：

（一）台北市調查局調查人員所持檢察官搜索書之內容僅為被查扣人之公司，而調查人員擅自擴大搜索範圍並搜索及強行查扣「凡真」公司負責人陳○○家中之古玉器，其過程與行為是否已違反司法程序（附件一）。

（二）台北市調查局調查人員於查扣古玉器時，除未逐一清點查扣玉器數量及記載名稱，僅以一草率之籠統「箱」數令被查扣人公司職員簽名外（附件二）；在查扣過程中，更不顧查扣物之完整任意堆放查扣玉器，此種查扣行為令被查扣人事後完全無法追訴遭查扣玉器之數量。更令被查扣人悲傷，在調查局台北市調處於八十七年四月二十八日先行發回之拾壹箱扣押物中，被查扣人以箱數領回經清點內部玉器後，發現其中十件玉器破損。經去函台北市調查處（附件三），該處卻以領回物均經被查扣人親自點收，何來毀損乙節推卸責任（附件四）。

（三）被查扣人在收到台北市調查處八十七年五月二十九日（八十七）肆字第七四二二二六號函，對該文中所稱被查扣人在八十七年四月二十八日領回「非扣押物品」計拾壹箱之字詞，實感納悶，既屬「非扣押物品」，則台北市調查處調查人員又為何於八十七年三月十三日在任意強行進入負責人陳○○家中，其行為已嚴重侵害被查扣人之法律人權。

二、在本案中，台北市調查處以無鑑定能力之國立歷史博物館黃永川副館長一人之詞（據查知黃永川副館長係以「繪畫」見長，其本人除無任何古玉相關論文著作外，更未取得任何足以證明其為古玉鑑定人員專家資格之身份），且在違反古文物鑑定原則（古文物鑑定時，鑑定人應逐項提出書面鑑定報告書）下，即逕行據以入被查扣人於罪，而任意扣物、扣人（被查扣人公司負責人陳○○先生遭羈押長達四十六天）之行為，顯然過於草率。

三、台北市調查處調查人員在處理本案，除以預設被查扣人為罪犯情形外，在查扣被查扣人公司客戶資料，由查扣客戶資料中逐一以電話或親自拜訪方式以「被查扣人公司所販古玉經國立歷史博物館鑑定均為假古玉為由」，誘導被查扣人客戶列名為被害人之行為，已嚴重違反司法之精神，更違反調查局調查人員應有之公正行為。

四、「凡真」公司所售玉器均屬珍貴之古玉器，被查扣人也由發回之「非扣押物」中提出經地質學家認定無法以人工仿製古玉多件送呈台灣板橋地方法院檢察署以為證據；營業過程亦均依法繳納稅金，並無任何不法行為。今遭此無端迫害，被查扣人要求法務部徹查本案調查過程，並嚴懲違法失職人員，以維人民法律權利。

　此　呈

　法務部調查局

　　　　　　　　　　　　　　　　　　陳情人：凡真有限公司

　　　　　　　　　　　　　　　　　　負責人：陳○○

此陳情函寄出後，正如筆者預料「石沉大海」，當時調查局內部之官官相護，不重視人民之法律權利，任意違法濫權，由此可見一斑。

由於調查局此種官僚態度，筆者告知「凡真」負責人，如要司法單位自我良心發現來平反此案，猶如「緣木求魚」。應另思出路方有生路。當然，此時「凡真」負責人之心情低落與無奈，自不在話下。

唐　左中天神玉擺件 _{圖6}

高 18 cm × 寬 10.5 cm × 厚 6 cm

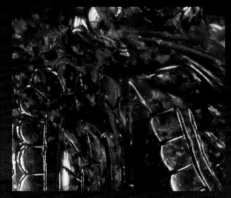

文物賞析重點提示：

本器係五天神中之左中天神。以和闐籽料帶青黃玉碾琢而成，
器身除呈褐色沁（為玉內之二價鐵元素經風化轉換為三價鐵所
致），風化過程之白化現象呈斑點狀，顯微放大下，受沁白化處
透閃石次生、陽起石次生等現象處處可見。為盛唐宮廷玉擺件。

藏品來源：

陳拾璜醫師
1946 ～ 1949 年間購於上海江西路北口路東
藝林古玩店　羅伯恭掌櫃

1-7
立委質詢、民間質疑

　　台北故宮購藏古玉，耗費國家數億資金，幾近私相授受方式之購藏過程，不論在台北故宮內部、以及民間，都陸陸續續傳出雜音。這項議題也引起了民進黨立法委員陳景峻之高度重視，在 1999 年、2000 年連續二個立法院會期，針對台北故宮真、假古玉及購藏過程、金額是否合宜等問題，提出全面性的質詢。2000 年更有民間古玉專家在典藏雜誌上公開撰文，指出台北故宮購藏之古玉，有多件係偽古玉，然這些文章都僅係在形制、紋飾上所進行之真、偽之辨，完全未提及鑑定古玉時應有之科學論証與實質鑑定程序。因此，筆者看了之後當時即長嘆一聲：「這種爭論猶如瞎子摸象，再吵一百年也不會有結果」。然因為此時臺灣中央政府正逢國民黨、民進黨政權交替，台北故宮首由民進黨籍之杜正勝先生擔任院長，眼看將有一番除舊佈新之新氣象、新契機出現。

　　2000 年 10 月左右，台北故宮傳出將召開「故宮近年購藏玉器賞析與研究學術討論會」，並歡迎各界人士踴躍報名參加。筆者認為，這或許正是民進黨與國民黨不一樣的地方，也相信新上任杜正勝院長藉由這次討論會將有一番作為。於是筆者立即請祕書代為報名參加為期二天之討論會。

　　由於筆者在古玉界向來沒沒無聞，但很高興的，立即接獲台北故宮之邀請。就此階段而言，此次討論會除主辦單位邀請之中國紅山文化古玉專家孫守道、郭大順二人外，民間人士都可透過報名參加，就此而言，算得上是一場公開、公正的研討會。

唐　左天神玉擺件 圖7

高 22.5 cm × 寬 10 cm × 厚 6 cm

1-8
各大媒體、競相報導

　　「研討會」期間各大媒體雲集，一來台北故宮近年購藏玉器乙事，已因立委的質疑在社會上早已鬧的沸沸揚揚。二來台北故宮已許久未召開公開性的學術研討會，各大媒體記者無不想在兩天研討會中，能報導一些可揭露台北故宮近年購藏玉器之真相。

　　記者鼻子是最靈的，那邊有新聞就往那邊跑；記者也是最公平的，聰明的讀者能從各大媒體平衡的新聞報導中，看出問題之所在。在兩天的研討會中，各大報記者從各個角度描述研討會之面面觀，現將 2000 年 12 月 14 日、12 月 15 日兩天中相關新聞報導，分刊如下，供讀者一一參閱，藉此瞭解整個研討會之各個面向：

故宮　玉器研討會失焦
台上高談學術　台下要求先辨真偽

【記者謝慧青／台北報導】〈89 年 12 月 14 日（星期四）自由時報第 40 版（藝術特區）〉

　　面對外界對近年來購藏玉器真偽的質疑，故宮博物院昨日特別召開了「故宮近年來購藏玉器賞析與研究學術討論會」，共有百餘位專家與玉器愛好人士參與。但民間與會人士和故宮之間認知與焦點顯然有所不同，故宮希望一切在「學術」範圍內討論，立委陳景峻與多位民間專家則認為應該先定「真偽」，再作學術討論。

　　昨日議程由故宮玉器組研究員鄧淑蘋發表〈近年購藏玉器的方針與原則〉、〈龍山、石家河及其相關文化玉器的賞析與討論〉、副研究員楊美莉發表〈良渚文化玉器研究的賞析與討論〉、〈商末周初各類調色盤的賞析〉。故宮院長杜正勝表示，希望能夠藉此討論會對院藏玉器有更精確的學術研究。由於籌備倉促，許多原來邀請的大陸、歐美學者無法成行，僅有兩位大陸玉器學者孫守道與郭大順與會。

　　故宮玉器組研究員鄧淑蘋昨日在會中報告故宮近年來購藏動機：一是因為本身藏品不足。故宮藏品主要為接收清宮舊藏，玉器多以明、清雕件為主，漢代前的古玉較少。

　　其二是不願讓重要的文化遺產流散到非中華文化圈的國度中。在收藏原則上，以補舊藏不足、具有重要文化意義、系統性收集、配合展覽主題為主。在鑑定方法上以考古出土資料為依據，觀察玉器的質地、沁色、造型、花紋、雕工等作為準。

　　立委陳景峻對研討會形式表示不滿意，並發表一份報告指出目前正在展出的「近年來購藏古玉特展」中，有七成以上的比率是偽品，他認為應該解決真偽問題，再作長時間的學術討論，若是故宮不能提出合理「釋疑」，他將會提案刪除所有目前正在立法院凍結的四千五百萬元文物購藏預算。報告書中肯定故宮「認真」研究態度，但對故宮「鑑定玉器」的專業能力感到懷疑。

　　在討論會中，民間許多專家紛紛質疑故宮鑑定玉器的方法與程序，並對部分玉器提出質疑，希望故宮能針對「真假」辯論。主持研討會的故宮副院長石守謙表示，真偽是重要部分，但不是全部，研討會不是立法院「公聽會」，希望大家針對學術方面來討論。他說，目前大家對古玉知識不足，但不知道並不表示不存在，院內購藏玉器都經過專家資料比對，慎重、嚴謹的研究，研討會只是個開始，文物真偽問題將會繼續辯論下去。

　　收藏玉器已有近三十年歷史的李耀魁表示，沒有任何一個學術單位不會買錯東西，故宮是社會大眾依賴的權威單位，具有教育責任，希望故宮能「虛心接受」、「面對事實」。玉器專家張玉明表示，故宮應該多由玉器雕工、成器的角度來鑑定年代，提出完整的鑑定步驟，過去部分院藏訂為周、漢的古玉，經過近來考古改為明、清晚期仿古玉器，定錯年代也是學術研究的過程之一。他認為展出部分玉器的問題很多，如果是他絕不會購買。

今日將持續議程，由鄧淑蘋發表〈紅山玉器的賞析與討論〉、副研究員楊美莉發表〈就購藏的綠松石首玉虎談先秦時代的綠松石雕作〉。

玉器來源　集中少數骨董商

「背後利益」引來立委質疑

【記者謝慧青／特稿】〈89 年 12 月 14 日（星期四）自由時報第 40 版（藝術特區）〉

玉器仿造大陸近十年來漸漸興盛，正好與故宮大量收購玉器的時期符合。大陸仿玉的大本營是在湖南蚌埠，因為開放帶來商機，許多香港的骨董經紀商到大陸大量訂作仿古玉器，香港也成為假玉的集散中心。玉器專家金天放質疑，在假玉充斥的市場中，這些對玉器並非有專門研究的骨董商是否對玉器有鑑別能力，他感到懷疑。

在民國七十八到八十九年十二年來歷年故宮購藏玉器統計表中，可以看出，玉器採購金額二億二千多萬元，占全部經費比例的百分之四十六，而來自一言堂及其相關人的採購金額接近一億四千萬元，佔玉器總採購金額六成以上，而第二高來源雲○○，是在近五年才成為故宮玉器供應商，如果計算近五年來的採購總金額，購自雲○○的金額比例高達百分之六十四。

為何只集中在一言堂、雲○○等少數骨董商手中呢？難道他們手上的玉器都是真的嗎？立法委員陳景峻認為，這上億經費牽涉到「龐大的利益」，對採購過程中是否有不為人知的內情，也是「合理的懷疑」。

金天放表示，一言堂吳棠海、雲○○負責人張○○、○○負責人徐○○與前院長秦孝儀私交甚篤，甚至也特別幫他們收藏的玉器在故宮舉辦「群

玉別藏」特展，並在特別印製的畫冊中作序，為這批展品背書，實在有「瓜田李下」的嫌疑。這些骨董商賣給故宮的玉器金額不算高，但在「故宮背書」的光環之下，之後帶來的利益就難以計數。

　　故宮副院長石守謙表示，一般骨董文物交換市場中，有的經紀人顯得特別突出，就像國外博物館經常會向佳士得、蘇富比購買藝術品一樣，故宮收購玉器是因為院方收藏有所不足，短期內集中向少數商家購買的現象「並不奇怪」。

七十八年至八十九年度故宮購藏古文物及玉器經費及件數表（經費單位：萬元新台幣）

年度	78	79	80	81	82	83	84	85	86	87	88	89
夠藏經費	1000	1500	2000	3500	5000	5000	5000	5000	5000	5000	5000	7500 註★ （5000）
購藏玉器總金額	639.7	491	870.8	932	1691	2998	876	3120	2837	2533.8	2908.8	2194.77
玉器佔總經費比例	64%	32.7%	43.5%	26.6%	33.8%	60%	17.5%	62.4%	56.7%	51%	58.2%	31.2%
購自一言堂金額	4.8	258	711.8	852	996	1803.9	570	1964.5	1970	1741	1564.8	1561.77
購自雲中居金額						200		1049	432	524	840	398
購藏玉器總件數	123	35	67	38	48	84	6	93	54	87	132	94
購自一言堂件數	1	9	61	36	31	22	2	55	37	71	62	84
購自雲中居件數						5		26	5	7	52	6

十二年來購藏玉器總金額：22092.87 佔全部經費比例：46%

購自一言堂總金額：13998.57（為購藏玉器總金額之 63.36%）

購自雲中居總金額：3443 購藏玉總件數：861

註★：年度為前一年七月到當年六月，八十九年度七千五百萬為編列一年半經費，已花近五千萬元台幣，
　　　其下比例照五千萬元計算。

註：一言堂及其關係人包括：台北一言堂、香港一言堂、一言堂負責人吳棠海、妻蔡錦雲、妹吳素英

註：八十四年度經費不包括收購金銅佛造像三億六千萬元。

資料提供：故宮、立法委員陳景峻辦公室

整理：記者謝慧青

對話無交集

故宮藏玉研討　議論紛紛

【記者賴素鈴／報導】〈89年12月14日（星期四）民生報第A6版（文化風信）〉

各彈不同調，爭議多時的故宮近年購藏古玉真偽風波，雖然國立故宮博物院昨起召開為期一天半的「故宮近年購藏玉器賞析與研究學術討論會」，但與會者認為故宮規避問題核心，未對購藏古玉的真偽作出具體對應，故宮則強調這項討論會只是討論的基礎與開始，學術討論的目的並非匆促給出答案即可，在缺乏對話交集的情況下，會場外的議論紛紛比場內的討論還要熱烈。

早在立委陳景峻針對故宮購藏古玉問題提出質疑，故宮博物院院長杜正勝就表示將會以專題展和學術研討會匯聚公開討論，不過，陳景峻卻認為故宮應「先定真偽，再開研討會」，昨起這項討論會也「和預期落差太大」；而針對論文報告人全屬故宮研究人員，有單向發言之議，故宮表示因為報告議題和院藏古玉有關，還是由院內研究人員作報告最清楚，而討論會籌備時間匆促，未能如預期邀請國外及大陸知名學者與會。

盡管如此，杜正勝仍期許學術討論對學術研究的正面意義，而故宮器物處研究員鄧淑蘋除了報告「故宮近年購藏玉器的方針與原則」，也作了「龍山、石家河及其相關文化玉器的賞析與討論」，副研究員楊美莉則提「良渚文化四方器研究芻議三題」，助理研究員張麗端作「商末周初各類調色皿的賞析」，並邀陳光祖、黃翠梅、陳仲玉等院外學者在討論後主評。

會中多項發言都指向希望故宮提出更科學更有依據的鑑定標準，而非以「專業」搪塞大眾，但正如黃翠梅所指，「鑑定就是排除疑點，而不是建立證據的方法」，故宮也指出，更公平更公開的小組，對新購舊藏重新檢測，是故宮努力的方向。

　　而新近外電報導，美國大都會博物館的近東文物權威，指出全球博物館的近東文物贋品就有上千件，被指名的博物館包含大英、羅浮，甚至學者所任職的大都會，杜正勝認為，這本是學術應有的態度，提出質疑、驗證、校正，正是博物館作為學術機構應做的工作，故宮歷來舊藏的斷代、新購的文物，也都會在此態度下重新慎重檢視。

研討故宮玉器真偽　仍無定論
旁聽人士接連質疑 盼針對鑑定實務公開討論

【記者李維菁／台北報導】〈89 年 12 月 14 日（星期四）中國時報 14 版（文化藝術）〉

　　故宮昨天開始一天半的「故宮近年購藏玉器賞析與研究」學術研討會，各方期待故宮方面對外界質疑故宮收藏玉器真偽有所回應，不過從昨天研討會進行的流程與現場的對應看來，真偽釋疑的問題仍難有定論。

　　故宮院長杜正勝在昨天的開幕致詞時提及立委陳景峻的質詢是促成這次研討會的因素之一。

　　昨天上午的兩場議程，皆由故宮研究員鄧淑蘋報告，下午的兩場議程，則由故宮副研究員楊美莉、助理研究員張麗端報告。今天上午的兩場議程，再度由故宮研究員鄧淑蘋、副研究員楊美莉報告。每場議程會後保留部份時間進行討論。他們分別就近年購藏玉器的歷史、出土背景、風格比較等進行說明。

　　鄧淑蘋也表示，鑑定的步驟牽涉的問題相當複雜，除了視覺經驗的累積，如何將科學的方法引入，是博物館以及社會人士共同面對的問題，這

些以後有機會可以深談。

有趣的是，昨天與會的人士，民間關心的人士、業者、學生參與的比例多過學者。發言的熱切程度也大。上午的討論部份時，就有民間人士提出質疑，其中不乏強烈的批評，包括：「為什麼不談故宮收藏，是如何鑑定的步驟？」、「為什麼不談真是真在哪裡，只是紋飾的比對嗎？」更有人發言指責故宮：「故宮是公部門，有責任說清楚真偽鑑定的問題到底是怎麼思考的！」

立委陳景峻昨天也到場與會，對於研討會的釋疑功能，他說：「這樣一天半的研討會真能釋疑嗎？機會是微乎其微。」他強調，故宮人士應該站出來與民間專家進行面對面的真偽討論或是公開辯論，針對問題交流。故宮不能以院外人士是否符合他們認定的專家標準為理由不進行面對面討論。故宮過去以文物建立成功的國民外交，現在更應敞開心胸與外界溝通。

故宮召開討論會說明購藏玉器原則
立委陳景峻及部分與會者指為規避問題

【記者李令儀／台北報導】〈89 年 12 月 14 日（星期四）聯合報 14 版文化〉

針對外界質疑故宮近年來購藏玉器真偽的問題，國立故宮博物院昨天召開討論會，由院內研究員提出購藏玉器的方針原則，以及古玉的科學鑑定方法等報告。不過故宮以學術研討會的形式回應外界質疑，仍被立委陳景峻及部分與會者認為在規避問題。

　　在這場名為「故宮近年購藏玉器賞析與研究」討論會的開幕式上，故宮院長杜正勝表示，中國文化有喜歡玉的傳統，但玉不僅是當作骨董來賞玩的，更進一步以文化史的態度，以玉來建構華夏文化史，才是研究古玉的基本態度。他也說，相較於「金石學」的傳統，玉器的研究是不夠的，尤其沒有考古隊的博物館，購藏文化難免會遭遇困難。

　　「我個人不是作官的人，不會講官話。」杜正勝率直地說，此次討論會與社會的質疑有關，所以準備非常倉促，而原訂邀請的歐美學者及大陸學者黃宣佩、牟永杭都不及來台，僅有遼寧考古研究所研究員郭大順、孫守道兩人與會。不過杜正勝也說，社會的鞭笞，對研究者有很多助益，並介紹立委陳景峻是「促成此會的最大功臣」。

　　針對陳景峻等人所質疑的古玉真偽問題，故宮研究員鄧淑蘋提出「故宮近年購藏玉器的方針與原則」報告，她說，故宮購藏古玉的動機主要基於本身藏品不足，以及不願讓重要的文化遺產流散到非中華文化圈外；在購藏時除了挑選質美工精的古玉，也重視具有重要文化意義和系統性的收集。

　　鄧淑蘋也強調，古玉研究必須有系統地綜合考古學、文化史、社會史、人類學、地質學等相關學科，才能深化研究水準，而在出土玉器中有無相似的造型或花紋，玉器的品相是否精美，都不是鑑定玉器真偽的根據。

　　不過故宮回歸學術討論方式，還是遭到部分與會人士「以專業姿態來搪塞」的質疑。陳景峻也對媒體表示，雖然故宮長年在文物典藏、展覽方面頗為用心，但他還是強調，故宮必須先針對外界質疑的贗品明確提出釋疑，甚至讓專家上手鑑定，召開學術研討才有意義。

故宮玉器真偽討論有爭執無定論

杜正勝：儘快召集專家再作檢視

【記者李令儀／台北報導】〈89 年 12 月 15 日（星期五）聯合報 14 版文化〉

　　故宮為回應玉器真偽質疑而召開的學術討論會，在一天半無法對焦的情況下，昨天爆發了民間人士和研究員間短暫的言語衝突。不過故宮院長杜正勝表示，知識性的討論不是在一場會議中就可以充分解決問題的；針對外界對部分古物的疑義，故宮將儘快召集專家小組，一件件重新檢視與鑑定。

　　此次「故宮近年購藏玉器賞析與研究」學術討論會，約有兩百人參加，其中並有許多玉器愛好者及學生。

　　故宮研究員鄧淑蘋昨天在報告有關紅山系玉器的論文時，有民間玉器愛好者直指數件故宮購藏的紅山玉器有偽作的疑點，遭到鄧淑蘋以「我知道在座有部分人士是因為特殊目的而結合在一起」的嚴詞反駁，她並說：「人在做，天在看。」該位民間人士則憤怒質問鄧所說「特殊目的」，並強調「民間研究不見得比故宮差，故宮不要故步自封，不要以為民間沒有人在研究！」

　　針對這段言語風波，幾乎全程與會的杜正勝表示，討論會是一個公開的機制，讓公家和民間學者可以理性的對話，雖然無法達到百分之百理性，但故宮至少提供了場合和方式，他也感謝民間收藏古玉及愛好人士積極參與。

　　杜正勝也表示，在大型研討會上，很難就單一器物做仔細的討論，但故宮不會迴避社會大眾提出的問題，對於有疑問的古物，未來會儘快邀請不同單位、不同國家的專家，組成專家小組重新檢，也不排除接受立委陳景峻推薦的專家。

　　杜正勝並強調，針對外界建議，故宮已逐步在進行，例如有關藏品徵集的初審辦法已修改完成，複審辦法也已擬定，故未來將秉持「從嚴不從寬」、審查「擴大編制」的作法，以公開、合理的方式辦理。

故宮決鑑定玉器真偽

將儘速召集專家進行　並調整典藏程序以釋外界質疑

【記者李維菁／台北報導】〈89 年 12 月 15 日（星期五）中國時報 14 版文化藝術〉

　　故宮近年收藏的玉器真偽風波，真偽釋疑座談會昨天上午結束。昨天下午故宮院長杜正勝召開記者會，表示故宮將會儘速召集專家針對遭點名質疑的玉器真偽進行實物上手重新鑑定工作。杜正勝也指出，故宮院方已就典藏的程序辦法進行調整。

　　杜正勝表示，故宮將邀集院內外的專家組成小組，針對遭質疑的玉器進行重新檢視，這是院方的既定工作。他表示，將由專家以隱密的方式充分討論並進行文物實務的鑑定。

　　杜正勝表示，這一天半的學術研討會不少民間愛好者提供了相當多的意見。他認為這是一個讓公務部門與民間人士進行理性溝通的公開機制。他表示：討論會上有人批評不針對真偽問題進行討論，與會大陸專家孫守道也指出故宮研究人員的報告基本上是偏向考古、藝術史的見解，而非鑑定的問題。但是，這樣一個兩百多人參加的大型研討會，是很難提供真正實物上手鑑定的可能的。

連續兩個立院會期主打玉器真偽議題的立委陳景峻，要求故宮人員與民間專家面對面就真偽進行辯論。未來故宮組成的專案小組，是否會納入民間專家到這個小組？杜正勝表示，專家小組的名單目前未定，如果立委提出建議會加以參考，但是最基本的原則是從事古董交易的業者絕對不納入。

另外，針對外界質疑的故宮典藏程序不臻完善的問題，杜正勝表示故宮已經針對典藏程序作了調整。過去故宮典藏審查分為初審、複審兩關。初審全由院內人士擔任委員，複審則請院外專家擔任委員。目前初審經調整後，仍維持原先由院內人員組成委員的方法，但是委員由七人增至九人，每一次開會院長或副院長必須親自主持督導。另外，每一次初審都會上網公告，增加來源以及委員的多樣性。

另外，複審的方法也將調整，仍然維持複審委員由院外專家擔任。不過，院外專家除了台灣的學者，未來將納入歐美、大陸、香港等地的學者，有專業能力的收藏家也納入專家的範圍。

杜正勝表示，故宮的典藏受限於公務機關的年度預算制度，因此希望將典藏的經費以故宮文化藝術基金的方式成立，希望不受限於每年沒花完的經費需繳回國庫，而是以基金的方式留下來，等到重大拍賣或出現珍貴文物再出手收藏。

他說，故宮一年約五千萬典藏預算，在動輒上百萬、千萬的文物交易市場中其實沒什麼太大的作用。不過，這項基金的處理方式，目前仍在行政院的審核之中。

故宮藏玉研討會落幕　爭議未息

【記者賴素鈴／報導】〈89 年 12 月 15 日（星期五）民生報 A 6 版文化風信〉

「二十世紀後半期，歷史界就沒有國王了！」以色列歷史學者這一歎，波漣般讓諸多同行都逐漸感同身受，即使向來位居龍首地位的國立故宮博物院也受到衝擊，「故宮近年購藏玉器賞析與研究學術討論會」昨天在爭議聲中閉幕，故宮博物院院長杜正勝強調，他絕對相信故宮同仁的人格，而這項研討會並不只為了對付外界批評，而是以「追求真實為本」。

這項為期一天半的研討會，昨天上午爆發爭論，故宮研究員鄧淑蘋指稱與會人士「別有用心」，引來與會者嚴重抗議，並表示要提出「加重毀謗罪自訴」；但也有人持平指出，各人分析切入不同自會產生爭議，故宮有必要針對爭議藏品逐件聽取大家意見，才能打破僵局，並尋求學術、收藏家、市場業者各就經驗法則作結合與整合的管道。

而從研討會的針對鋒相對可以窺見，學院派學者和民間學者在諸多思考、分析乃至關切的重點都有相當差異，彼此對話的頻率似乎尚待調整；中研院史語所陳光祖主任肯定鄧淑蘋學術表現的同時，也呼籲民間學者「如果真的自認專家，請表現出專業來」，指出在基礎研究尚未作成時，不應率爾作單線思考，尤其在討論共同規律性時不要忽略文物的個別特質。

而陳光祖綜合一天半的研討會意見，也認為故宮確有可以改善的空間，審查制度的條列化而不僵化，採購的整體配套措施，都可以將這項爭議視為契機。

杜正勝則指出，這是公家與民間學者首次在正式場合正式對話，沒有結論並非打太極拳，而是要更客觀面對事實，他也表示，審查機制已有改變，民間學者的意見未來在審查時也會盡量納入，在威權已被打破的年代，雙方都應多溝通意見，追求知識以及眼力的提昇。

在各大報二天的新聞採訪報導中，2000年12月14日的報導，大都集中在筆者於研討會中三次之發言內容；那就是：「筆者要求台北故宮應對購藏玉器進行全面性之鑑定，並提供如何鑑定方法及鑑定之科學論証」。除此之外，筆者於2000年12月13日研討會中午休息時間，亦接受自由時報記者謝慧青小姐採訪，談論有關台北故宮購藏玉器之疑點。

2000年12月15日各大報的報導，則偏重在台北故宮研究員鄧淑蘋與筆者間之言語衝突。筆者針對鄧淑蘋以「我知道在座有部份人士是因為特殊目的而結合在一起、別有用心」以及「大家鑑定方法與邏輯都差不多，可是，結論就大不相同。」……等，否定所有當天參與之民間人士建議之情緒性挑釁言詞，提出嚴厲之駁斥。並要鄧淑蘋知曉「民間研究不見得比故宮差、故宮不要故步自封，不要以為民間沒有人在研究」，同時，對鄧淑蘋其偏離研討範疇之情緒性不當發言，言明將提「加重誹謗刑事自訴」。次日，筆者即寄出「存証信函」：函文如后：

寄件日期：89年12月15日

寄件人姓名：金天放

詳細地址：台北市敦化北路236號2樓

收件人姓名：國立故宮博物院　鄧淑蘋研究員

詳細地址：台北市士林區至善路二段221號

副本收件人：國立故宮博物院

詳細地址：台北市士林區至善路二段221號

台端於89年12月14日上午10時30分左右，在貴院所舉辦之「故宮近年購藏玉器賞析與研究學術討論會」，以報告人回應本人所提問題時；除以偏離問題內容之言語批判與會人士研究古玉方向有錯誤外；更以囂張、

跋扈之嚴厲口吻，直指本人：你們這一小部份人士，別有用心。此種嚴重誹謗影射本人之人格、名聲之指控，顯已觸犯刑法第三百十條誹謗罪。請台端於函到十日內以書函提出具體之道歉，否則，當依法提起刑事自訴，切勿自誤。

事後因筆者當時身兼「美兆集團」法務室及稽核室主管二職，公事繁忙。故錯過半年內提起刑事告訴之時效，以致錯失自訴機會，讓鄧淑蘋過了一關。

在 2000 年 12 月 13 日、12 月 14 日兩天研討會後，一群愛玉友人聚會時常嘻笑稱道：「台北故宮的那場研討會，根本是筆者與台北故宮玉器組的一場論戰」，但筆者並不以為然。筆者以為，那不過是一個古玉愛好者，針對台北故宮購藏玉器鑑定的一些善意建言，與一個國民對台北故宮濫用公帑想盡的一份義務。無奈遇到一位不理性的主持人，白白浪費時間與精神。

在二天研討會中，相信台北故宮所邀請之學者如陳光祖、黃翠梅、陳仲玉等，對筆者這麼一個名不見經傳之人，竟然敢在台北故宮的研討會上，挑戰台北故宮玉器組專家們之專業，想必十分不以為然。坦白說，筆者並不怪他們，因為究竟台北故宮這塊大招牌，已是這些學者心目中有關研究中華古文物之最高權威，一般民間人士怎能與之相提並論。

實者「行家出手便知有無」，筆者聽台北故宮玉器組幾位研究員、副研究員引述台大地質學系之各項古玉次生變化之科學論証講演時，由其引証論述時生澀之表達，即可得知彼等對古玉之科學論證鑑定方法尚屬初學，也可說是毫無實際鑑定經驗。

因此，筆者即於會中、會後分別向台北故宮提出各項鑑定實務之方法，當然這些建議均不被採納。如今事過多年，筆者當時懷疑彼等在鑑定古玉能力上係外行人乙節，已在往後「凡真」乙案結果中獲得証實。

　　2000 年 12 月 15 日報載台北故宮副院長石守謙表示：「真偽是重要的部份，但不是全部。」之言論後，筆者深感震撼，實難想像這樣離譜、荒謬的言詞，竟然會出自台北故宮副院長之口。各位讀者想想，台北故宮編列二億多經費去購買古玉器，如果是仿品，那就完全失去購藏之意義。而石大副院長竟能說「真偽不是全部」的混話。由此，想當然爾亦透露出台北故宮必然不會針對購藏古玉之真偽追根究底。對台北故宮之高層當時竟然會有如此任事之心態，筆者實感不解。

　　十餘年後，杜正勝祕書、石守謙等均深陷台北故宮營建弊案，彼等當時不追求真相心態，似乎有了答案。

唐　自在玉觀音擺件 圖8

高 21.5 cm × 寬 28 cm × 厚 8.6 cm

陳拾璜醫師
1946 ～ 1949 年間購於上海江西路北口路東
藝林古玩店　羅伯恭掌櫃

文物賞析重點提示：
本器係以和闐籽料碾琢而成，呈現唐代特殊之女性審美造型，
其服飾、髮型均反映唐代風格。全器受風化所致，顯微放大下
透閃石次生處處可見。為盛唐難得一見之玉觀音擺件。

藏品來源：
陳拾璜醫師
1946 ～ 1949 年間購於上海江西路北口路東
藝林古玩店　羅伯恭掌櫃

62

1~9
討論大會、排除異己

2000年12月13日～14日為期兩天「故宮近年購藏玉器賞析與學術研討會」如期召開，筆者懷著期待、朝聖的心情，希望此次會議，台北故宮能進行對近年購藏玉器由內部提出攸關玉器真偽之說明，並進而藉由參與之各界人士，討論出鑑別古玉方法與程序。然期待愈高，失望也愈大，兩天的會期中，除筆者於2000年12月13日三次訴求台北故宮，進行實質之玉器鑑定發言外（當日，依大會規定，每位與會人士僅可發問一次，時間3分鐘，筆者承一位東吳大學歷史系教授及另一學者，將其個人發言權時間交予筆者發言，因此，前後發言次數共達三次之多），整場大會猶如一場學術大拜拜，毫無新意。對台北故宮近年購藏玉器之真偽如欲藉此研討會追求真相，顯然是緣木求魚。

由於筆者發言內容直指玉器鑑定之重點，且發言堅定，竟遭現場主持人鄧淑蘋情緒性的言語攻擊，令人遺憾。一個國家最高博物館殿堂的高級研究員亦為玉器科科長，竟然修養程度如此低略，難怪事後，陳啟正先生在典藏古美術雜誌中以「情緒性字眼、加上不時以挑釁的言詞」來形容鄧淑蘋的表現，也正如陳先生在該文中下的副標題「閉而未幕」。沒錯台北故宮古玉真偽之真相當然不可能就此結束，身為玉器愛護者及納稅人的筆者，自然不會讓此追求真理之行動就此煙消雲散，否則，公理何在。

另外，在研討會當日還有一個未為人知的小插曲，而它發生的地點是在台北故宮會議廳旁之廁所。2000年12月13日下午研討會休息時間，筆者前往男廁小解，正逢二位大陸紅山文化玉器專家也上廁所小解，而彼等又正好在筆者旁邊，其中孫守道向筆者點頭致意，筆者也禮貌性微笑點頭，接著孫守道就問筆者：「金先生剛才聽您所發表鑑定玉器之高見、顯見您在玉器鑑定上研究很深」，筆者答曰：「客氣，喜好而已」。接著孫先生問道：「請問金先生師從何人？」筆者答曰：「劉東瑞，劉老師！（時任中國國家文物鑑定委員會祕書長）」，大陸二位大師孫守道、郭大順即口稱：「哦！哦！是劉老學生，難怪。」

　　第二天當研討會主持人請二位大師發表參與研討會之心得結論時,他們均稱:「本身為考古學者,如係由土內挖出之文物由他們考証、鑑定,基本上沒問題,但如果不是剛從土中挖出之玉器,他們非玉器鑑定專家,無法鑑定。」此言一出,相信打壞當時某些台北故宮人士欲藉此二位紅山文化玉器專家,來為台北故宮近年購藏玉器背書之夢顯然就此落空。

唐　馬上封侯玉擺件 圖9

高 17 cm × 長 25 cm × 厚 6.3 cm

文物賞析重點提示：
本器係以和闐籽料青白玉碾琢而成，雙猴一前一上狀似戲馬，後世以「馬上封侯」名之。器身呈褐色沁（部份為玉內之二價鐵元素經風化轉換為三價鐵所致）寶光四射。風化後之透閃石次生在褐色沁中處處可見，為盛唐宮廷玉擺件。

藏品來源：
陳拾璜醫師
1946～1949 年間購於上海江西路北口路東
藝林古玩店　羅伯恭掌櫃

65

1-10
研討開始、馬腳初露

　　台北故宮的一場所謂「學術研討會」，根據筆者觀察，參與人士大致分為民間、故宮二派，民間部份包含學者、收藏家及古董商，這些人不論目的為何，其共同之心聲，都希望藉由台北故宮這一場公開、公平的研討會，能討論出古玉之鑑定方法，以作為今後古玉界買賣或收藏之依據。

　　而故宮一派，除了台北故宮本身派出之研究員及相關學術單位之學者外，也遠從大陸請來二位紅山文化古玉專家。其目的，希望能藉此所謂之公開研討方式，共同為台北故宮近年購藏之玉器紛爭畫下一休止符。但由台北故宮各研究員所提出之學術報告內容，基本上根本未觸及到如何鑑定購藏玉器之方法。而主持人鄧淑蘋在民間人士提鑑定方法時，又以情緒性言詞攻擊，由此可見故宮承辦人員其心中對購藏古玉真相之揭露應是充滿恐懼。否則，如所購玉器沒問題，為什麼如此反對與會民間人士所提出之各種鑑定方法之探討呢！

　　在此次會中鄧淑蘋更講出一段令人無法理解之言論，她說：「基本上，大家鑑定古玉之方法與邏輯基本上都差不多，可是，結論卻大不相同。」這話初聽似乎極深奧，但一經思索却極端不合乎經驗法則與邏輯。想想，天下有那種學問與研究，大家的探討方法與邏輯是相同的，但結果却是完全不同。除非，二者之方法從根本就已經不同。所以，由這句話，也顯示台北故宮派根本無心去探求所購古玉之真偽，僅係藉此研討會敷衍立委之質詢罷了。但鄧淑蘋這段話，也引起筆者對其鑑定玉器能力之質疑，開始進行深入探討。

　　就鄧女士一些有關玉學之論作，筆者於會後重新拜讀一遍，平心靜氣而論，鄧淑蘋在玉器考證學上的努力確有其一定之研究成果，文章亦有可觀之處。但筆者必須指出，這些論著均不可作為鑑定古玉之依據，因為它正如大陸二位紅山文化玉器考古學者所說，它是考古，不是鑑定。

　　筆者回顧父親生前常說，「一個有真才實學的人，是不怕質疑的」，「一個心胸坦蕩的人，是不怕追求真相」。反之，則不敢面對事實。以筆者當天在研討會中所提古玉鑑定之各項建議，如果有真才實學且心胸坦蕩的人，必然不

會口出惡言，當應虛心以待參與討論。如今筆者再回顧當日台北故宮各玉器研究員在提出論文講演時，均紛紛引用台大地質學教授錢憲和博士、黃怡禎博士等人之「古玉次生變化之研究」。究其目的，無非是希望藉此彰顯台北故宮古玉鑑定亦有其科學論證研究之一面，但由彼等發表時之生澀及不夠深入全面，令人啼笑皆非、看破手腳。

唐　玉獅戲彩球擺件 圖 10

長 12.6 cm × 高 6.5 cm × 厚 7.5 cm

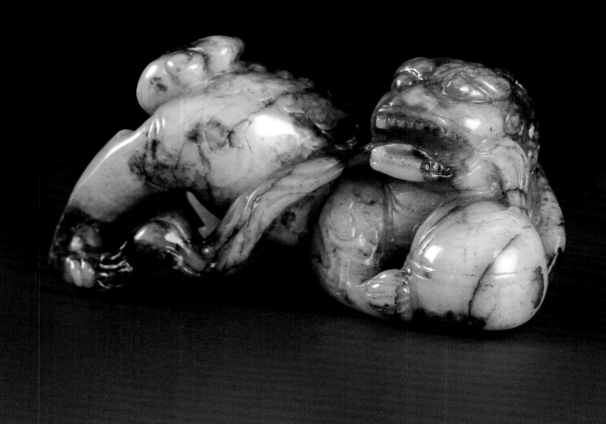

文物賞析重點提示：

祥獅戲球，象徵國泰民安，歡樂喜慶。本玉獅係以和闐籽料白玉
碾琢而成，器身經風化呈黑色沁。火雲狀獅尾、圓椎背脊為唐代
動物圓雕之工法表現。如此尺寸之唐代玉獅擺件，十分珍貴。

藏品來源：

陳拾璜醫師
1946 ～ 1949 年間購於上海江西路北口路東
藝林古玩店　羅伯恭掌櫃

1-11

無師無承、閉門造車

　　筆者在感慨台北故宮鑑定能力之生疏下，又想到台北故宮新上任之民進黨籍杜正勝院長，應有追求真相之決心，筆者即以書函方式對台北故宮購藏古玉提出全面進行鑑定之建議，並期待台北故宮能有所回應。

　　台北故宮之老人，如玉器專家那志良先生、書畫專家江兆申先生，他們之所以受到世人尊重，並不僅是靠台北故宮這塊金字招牌，而是其本身在工作之領域上，除有真才實學外，更重要的都是學養兼修的讀書人。一生做人處事，有其一定之規範。在任職台北故宮期間，不隨意以台北故宮之名與民間古董業者有所勾搭，避免影響台北故宮之盛名。如此之潔身自愛，再加以待人和藹可親，無官架子。因此，即令君等均已過世多年，文物界人士至今仍無不以崇仰之心，懷念故人。

　　反觀現有台北故宮一些技術官僚一旦取得職位，即官架十足，彷彿有了台北故宮之職務即可在文物界傲視天下，一副小人得志模樣、表現醜陋。研討會中所暴露出台北故宮玉器組在玉器鑑定實務上之生疏，令人驚訝。惟筆者仍存一份期待，那就是認為民進黨籍杜正勝院長應有追求真相、查明事實之決心，即於 2000 年 12 月 19 日向台北故宮發出第一封信函，全文如后：

受文者：國立故宮博物院（杜正勝院長）

主　　旨：針對　貴院玉器組鄧淑蘋研究員之鑑定古玉器能力是否合乎專業，特檢具證據如說明，敬請貴院鑑察。並請　貴院依「公職人員利益衝突迴避法」、民、刑事訴訟法相關法令精神，要求鄧研究員以當事人身份，迴避今後有關「故宮近年購藏玉器真、偽」事件之鑑定參予，以符法令。敬請　查照。

說　　明：一、依「故宮近三年購藏玉器賞析與研究學術討論會」會議案辦理。

　　　　　　二、貴院玉器組鄧淑蘋研究員一向以玉器專業、專家自居，同時，

指稱本次與會民間人士在玉器鑑定結果均與鄧研究員不同。平心靜氣而言，鄧研究員在玉器專業上師承那志良大師，其有關玉器論文更遍載國、內外各報章媒體，就此成就可謂國內玉器學者第一人。然究其論文及研究內容，均係如大陸玉器專家孫守道先生所稱：故宮人員的報告基本上偏向考古、藝術史的見解，而非鑑定的問題（附件一）。

三、緣因鄧研究員上述學術之成就，再加以「故宮」之光環，導致鄧研究員目空一切，並進而衍生人類行為邏輯上「自大」及「自以為是」之主觀意識，此結果依經驗法則，當然足以影響對事之客觀判斷與鑑定之偏差。也由於鄧研究員所長與主觀意識導致前後發生「無上的專家與無知的大眾」及此次會議上無禮斥稱與會民間人士雖鑑定理論與其大致相同，但結果只有其本身才對之狂妄言論。

四、專業不是自封的，也不是自己說了就算；以鄧研究員此種鑑定古玉心態，當然會產生：（一）惟有她說了才算數，其他人都是錯的。（二）自以為是，然卻嚴重錯誤等。二種之鑑定結果。現僅詳述如后：

（一）惟有她說了才算數，其他人都是錯的：鄧研究員於八十一年九月三十日所著述出版之「古玉圖考」導讀乙書（附件二），在該書第六十四頁（附件三）、第七十二頁（附件四）、第七十三頁（附件五）指稱「國立歷史博物館」所藏「玉璧」、「玉璜」、「玉麟符」、均屬「仿古」玉器。然據「國立歷史博物館」八十七年六月出版之典藏目錄文物篇（一）乙書之二七〇頁「玉石」篇號三四（附件七）經鄧研究員指為「仿古玉璜」，該館仍訂為「周，秋葵紫浸穀紋璜」、一四七頁（附件八）鄧研究員鑑定為「仿古玉麟符」者，該館鑑定為「隋，玉麟符」。由此項鄧研究員自說自唱鑑定之結論，顯然除與民間專家不同，同時，也與「國立歷史博物館」專家之鑑定結果不同。

（二）自以為是，然却嚴重錯誤：鄧研究員指稱「國立歷史博物館」
　　　所藏「玉璧」（詳見附件二）係仿古玉器，其鑑定理論係其
　　　認為：「由於作器者不了解在上古時代，璧之中孔具有形而上
　　　的意義，代表與神祇世界的溝通。所以仿古玉璧有時在中孔
　　　上也鏤雕動物。」鄧研究員卻無知到，早於民國七十二年（即
　　　鄧研究員論著「古玉圖考導讀」乙書之九年前）廣東省南越
　　　王墓已出土二件中孔鏤雕動物之「玉璧」（附件九）。

　　　甚至，在大陸考古學者欒秉璈先生於八十一年三月所出版之
　　　「怎樣鑑定古玉器」乙書第九十五頁上（附件十），亦載有「北
　　　京故宮博物院」院藏之一件「戰國、鏤雕龍穀紋環」，其中
　　　孔亦鏤雕動物。因此，鄧研究員此種「自以為是」、「學而
　　　不精」之主觀鑑定方式，顯然方法「錯誤」，其結果當然「不
　　　正確」。

　　　由上述事實，證明鄧研究員在鑑定玉器時，非但「學識不豐」
　　　同時過於自大、武斷，究其原因，係乃鄧研究員並無一套完
　　　整之「鑑定程序」與「實務經驗」所致。所以其鑑定結果非
　　　但與民間專家不同，甚至與「國立歷史博物館」、「北京故
　　　宮博物院」的專家都不相同。而鄧研究員專業鑑定能力自然
　　　是有爭議的。

五、鄧研究員據報載係系爭購藏古玉之主要承辦人，依「公職人
　　員利益衝突迴避法」第五條、第十條、第十一條、第十二條、
　　第十三條之精神，以及民、刑事訴訟法「當事人迴避」規定，
　　貴院今後自應要求研究員迴避相關近年購藏玉器真、偽鑑定
　　之相關事務，以免抵觸法律。

六、偽古玉器之鑑定並非無法，亦非無跡可尋。本人任職醫療機
　　構，且主管法律事務二十餘年，事事以證據為憑。以祖孫三
　　代收藏古玉、自身研究古玉三十餘年之經驗，在本年十月

二十日向「經濟部智慧財產局」申請「中國古玉器鑑定步驟暨電腦自動模糊比對斷代技術方法」之發明專利，並獲該局受理審查（附件十一）。在本人之發明中有許多十分簡易鑑別古玉器之方法，本人在會議中亦曾發言要求　貴院對系爭玉器進行部份簡易鑑定，以釋社會大眾疑慮。然不知是　貴院不願意抑或根本刻意迴避此簡易鑑別古玉之方法，以致，鄧研究員除完全不回應此建議外，並批駁拒絕，其公務員心態實令人不解。

七、本人對　杜院長從事匡正台灣歷史之努力，向來欽佩不已；更確信　杜院長定會為此「故宮」購藏古玉之真、偽，予以「歷史」之釐正。一再建議，無非基於愛護、維護　貴院之聲譽，煩擾之處，尚請　鑑察。

具函人：金天放

　　筆者於西元 2000 年 12 月 19 日寄出上述信函後，約過半個月左右，台北故宮在 2001 年 1 月 4 日發函回復，現將台北故宮函文及附件內容刊列如后：

國立故宮博物院　函

中華民國玖拾年壹月肆日　發文

八九台博器字第 21022 號

天放先生大鑒：台端去（八十九）年十二月十九日

大函敬悉。有關大函所提問題，敬答復如附件，藉供　卓參。耑此

即頌

年禧

國立故宮博物院

一、本院舉辦「故宮近年購藏玉器賞析與研究學術討論會」，本意即以學術研究為出發，正如孫守道先生所說：「高水平的鑑定與深層次的研究分不開」。深度學術研究是鑑定力培養的基本工作，杜院長在大會開幕致詞時，即明白地闡述研究古文物應由文化史的角度入手，古文物呈現了歷代典章制度的內涵。

研究玉器是要由玉器來建構華夏文化基本特質，並應藉玉器來探討古代文化交流等問題。

二、據悉鄧研究員並非師承那志良先生，所撰述的論文係多年來研究的心得，常接納各方所提供的寶貴意見，應未以「無上的專家」自居。八十九年七月初，提供給某位立法委員的資料，其中述及「鳥立高柱」的造形，已見於趙陵山出土的良渚玉器中，而社會大眾不知道，卻指稱「大陸卻沒有出土這些文物」。因此，才會有此誤會。

三、會議第二天，曾有來賓問及鑑定法則時，鄧研究員曾說明她感到困惑的一個現象為，原則上大家都是由器物本身所呈現的質地、造形、紋飾、雕工、沁色、磨蝕痕等各種現象去作歸納，所依憑的參考資料主要為出土器等。方法原則相似，但歸納出的結果的確各有不同。據悉她既無「無禮斥稱」亦未說「只有其本身才對」的「狂妄言論」。

四、查鄧研究員的《古玉圖考導讀》一書，由撰文到印出，為時甚久。南越王墓發掘雖早，正式出版甚晚，數件中孔有鏤雕動物的玉璧，發表甚晚。據鄧研究員所述上古時期，璧之中孔具有形而上的意義，是符合新石器時代至商、周時代的實情。西漢南越王墓出土玉璧，十分精美，反映了玉器文化在戰國以降新發展趨勢，較重視現世生活，追求華麗，而較輕忽傳統的禮制。這應是南越王墓玉器等資料公布後，新的認知。

唐　五大天神玉擺件

宋　回頭白玉馬擺件 圖 11

高 12 cm × 寬 6 cm × 厚 6 cm

文物賞析重點提示：

本器為和闐籽料白玉碾琢而成，獸身比例適中，部份器身有
白化現象，嚴重風化溶蝕處呈深褐色沁，部份則有「宋玉紅」
沁色現象。馬頭回首為宋代動物圓雕風格。本器為宋代動物
圓雕中之中擺件。

藏品來源：

陳拾璜醫師

1946 ～ 1949 年間購於上海江西路北口路東
藝林古玩店　羅伯恭掌櫃

1-12
不學無術、自取其辱

　　針對台北故宮 2000 年 12 月 19 日回函內容，筆者不看不氣，一看差點暈倒。對台北故宮玉器組就筆者函中指出鄧淑蘋錯誤鑑定之論述後，有學養的人本即應捫心思過重新整理自己之研究內容，以避免再生錯誤。然台北故宮玉器組不但不思修正，反而一再以文詞企圖辯解。因此，筆者即隨於 2001 年 1 月 10 日再次行函台北故宮，指出台北故宮回函中與事實不符之處，該函內文如后：

受文者：國立故宮博物院（杜正勝院長）

主　旨：有關　貴院答復本人八十九年十二月十九日函文所提問題，僅再檢呈相關文件、資料佐證　貴院復稱內容顯與事實不符，詳如說明，敬請查照。

說明：

一、依　貴院九十年一月四日（八十九）台博器字第二一〇二二號函辦理。（附件一）

二、有關　貴院上函內容，就　貴院維護職工之立場本人可充分理解；然對貴院函釋本人所稱鄧淑蘋研究員之部份論述係屬誤會等節，基本上不敢認同，如　貴院調閱八十九年十二月十四日之會議錄影，當可證明鄧研究員當日之言論，是否已超出主辦單位舉辦學術討論會之合理範疇。

三、至於　貴院函中所稱：查鄧研究員的「古玉圖考導讀」乙書，由撰文到印出，為時甚久。南越王墓發掘雖早，正式出版甚晚……這應是南越王墓玉器等資料公佈後，新的認知。之辯稱內容；希藉以企圖解釋本人函中指稱鄧研究員專業鑑定能力之質疑；更是純屬辯詞。

現僅詳陳事實及佐證事物如后：

（一）南越王墓於一九八三年出土，一九九一年十二月由廣州西漢南越王
墓博物館及香港中文大學文物館聯合出版「南越王墓玉器」乙書（附
件二），台灣經銷為藝術源書坊。（鄧研究員「古玉圖考導讀」乙
書則為一九九二年九月三十日始出版）。

（二）在鄧研究員「古玉圖考導讀」乙書第七十一頁（附件三）、第
七十六、七十七頁（附件四）均已引用南越王墓出土之全套玉佩及
玉劍飾等玉器。由上述事實即能充份證明，本人指稱鄧研究員「自
以為是」、「學而不精」之主觀鑑定方式，顯然方法「錯誤」，其
結果當然「不正確」的質疑；並非無的放矢。而　貴院復函內容第
四條之辯稱更係「睜眼說瞎話」、企圖「欺瞞社會大眾」之不實內容。

四、貴院故人那志良先生為國內外公認之玉學大師，其相關玉器鑑定論著更為
世人推崇，那先生於一九九二年二月著述「謙謙君子—玉器的欣賞與鑑定」
（附件五）乙書（即在鄧研究員出版「古玉圖考導讀」前七個月），此書
由台灣書泉出版社發行。在該書第一六八頁（附件六）一六九頁（附件七）
中，那先生即說明：「因此璧的形狀、變化就多了……它們一旦不是禮器，
形制的限制就不嚴了」。同時那先生並引多件古玉器為證，其中於該書第
一七二頁之編號「圖六八」之「精緻的璧」（附件八），正是鄧研究員鑑
定為「仿古玉璧」者（國立歷史博物館所藏）。由此，亦可證明早在鄧研
究員鑑定本玉器半年前，那志良先生早已針對出土文物作出「它們一旦不
是禮器，形制的限制就不嚴了。」的鑑定研究報告。緣此，本人在前函中
指稱鄧研究員「無知」、「學識不豐」，並非無端指稱。

五、我輩玉器學研究者向認為鄧研究員師承那志良大師，既出自名門有大師教
導，想必有其一定之鑑定基礎與能力。今由　貴院來函方知：「鄧研究員
並非師承那志良先生，所撰述的論文係多年來研究的心得」。無怪乎，在
鄧研究員「閉門造車」式之研究，既未親至大陸仿古玉器工廠徹底研究仿
古玉器產製過程、方法，更無務實鑑定大師之親炙，以致其研究鑑定玉器

之方法，無異是「瞎子摸象」，毫無根據。其結果自然如　貴院函中所稱：但歸納的結果的確各有不同。事實，鄧研究員之鑑定理論、結果，不但與「國立歷史博物館」專家不同，也與「北京故宮博物院」專家不同，更與　貴院故人那志良先生不同。或許研究員又會辯稱那先生算什麼，只有我才是專家。但貴院不覺如此多之證據，如何不令人懷疑鄧研究員專業之身份，當然其鑑定玉器專家之能力，更令人質疑與不信任。

六、貴院為我國典藏文物之重鎮，亦為世界各方人士尊敬之文物研究單位，相關人員之行為舉止以及行文、論著，本應審慎為之。如此草率函復內容，實令本人甚感痛心。對於　貴院研究之鑑定能力更感憂心。民脂民膏，無一不是民眾之血汗，為公職者豈可掉以輕心。一意維護既有空幻之虛名，豈是我輩人士所為。感嘆之，尚祈　貴院革新改善，去除固有惡規，還貴院之清譽方是。

具函人：金天放

　　筆者舉出台北故宮回函中簡而易辨之事實，相信對不學無術之人，無異是自取其辱，感到羞愧。可想而知台北故宮自然不可能再有回函。

宋　蓮荷玉筆洗 圖12

高 4.5 cm × 圓徑 14cm

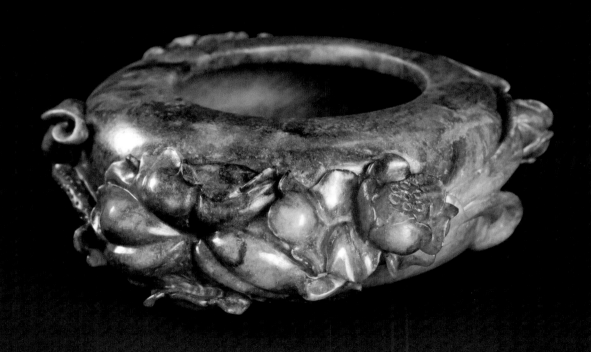

文物賞析重點提示：
本玉筆洗器身係以蓮荷為題，紋飾碾琢工法表現極為凸出，
器身蓮荷呈怒放狀，碾玉工法表現圓滑，經風化呈褐色沁，
為難得一見之宋代玉筆洗。

1-13
官商結合、大賺錢財

　　早在研討會之前，就有許多人針對台北故宮以鉅資購買一堆醜不拉嘰的垃圾玉器，撰文批評。立法委員陳景峻國會辦公室在 2000 年 12 月 13 日提出之「故宮近年購藏古玉特展初步報告」乙文中指出「美是世界共通的語言？！美是世界共同愛好，追求的語言？！，而醜就是故宮存在這麼多偽玉的主因！」，姑且先不論陳立委以此引論偽玉之邏輯是否正確，但在看了研討會中，台北故宮所刊出之購藏玉器，筆者還真的不得不佩服，台北故宮如何在市面上找到這麼一堆又貴又醜的玉器，難怪台北故宮內 大部份的員工私下均十分氣憤，為什麼編這麼多錢買來一些垃圾；而台北故宮近代購藏玉器之弊病，也因此外傳。

　　台北故宮玉器組鄧淑蘋組長對社會大眾上述之批評，想必十分瞭解。竟在 2000 年 12 月 13 日上午 9：40 至 10：10 由其擔任報告之「故宮近年購藏玉器的方針與原則」議程中，講出一段文物鑑定史上千古笑譚，鄧組長說：「不美的東西往往是真的，美的東西往往不是真的。」來回應社會對台北故宮近年購藏玉器「醜」的解釋。

　　如此無知的言語，竟然是出自我國最高文物典藏機構之研究員，還真令人訝異，如果真如鄧淑蘋所說，那台北故宮所有世界最美的中國各類古文物，豈非全部都有可能不是真的。

　　就世界文物拍賣市場或古董市場而言，莫不以又精又美又完整之文物，來吸引收藏家出鉅資搶購。對於殘缺不全、品相醜陋的文物，即便是真的，價格一定都不高，甚至乏人問津。

　　筆者實在無法想像，台北故宮玉器組究竟是如何跟○言○、○中○、○想等多家古董商洽購玉器。真相是古董商上門兜售？還是玉器組鄧淑蘋上門找貨？抑或高層交代？可是無論如何為什麼買到的 大多數都是殘缺不全、品相不佳的玉器呢？難道這些古董商都沒有精美的玉器嗎？

　　事實不然，如果我們仔細觀察，這幾家古董商賣給社會政商名流，後在台北故宮展出之「群玉別藏」、「群玉別藏續集」之玉器，先不論真偽（至少台

北故宮玉器組認為都是真的，並為之出書背書），其品相不差、器物完整，有幾件還稱得上精美。

而筆者就想不通，為什麼台北故宮要花如此大筆錢，將這幾家古董商一堆殘缺不全、醜陋的玉器全收購來。但却放著這些古董商賣給社會名流較優的玉器而不買呢？答案不言可喻，那就是台北故宮是否有人中飽私囊。也或許因為拿人的手短？吃人的嘴軟？自然要為人開展覽會並背書作嫁了？如果不是，我們還請台北故宮玉器組給全體國民一個合理解釋。

根據筆者調查，由於台北故宮的「大力」購買，「大力」背書，這幾家古董商短短數年內都成了有錢的古董商，並以台北故宮指定採購古玉之古董商為號召，不但吸引許多政商名流上門購買玉器，本身也躋身社會名流之列。

由台北故宮答復公文中，筆者深感驚訝，沒想到堂堂一個國家最高典藏文物之學術單位，所出之公文，竟然連一個民間小的公司、行號都不如，其公文完全不具公文格式。今不論台北故宮之技術官僚其心態是如何蔑視民眾或極為草率，然就此國家最高文物典藏單位而言，出具此種所謂公函仍是極為失格之事，不能原諒。更驚訝的是，民間總認為，以鄧淑蘋之輩乃祖宗三代有德，能在台北故宮玉器組，隨那志良先生研究玉器，在大師之指點以及薰陶下，必然更能學有專精，因此即非擁有那大師之全部鑑定能力，至少也應有其七、八分之功力才是。

然由台北故宮回函第二點所述：「據悉鄧研究員並非師承那志良先生，所撰述的論文係多年來研究的心得」，才得知如此一名閉門造車之人，其是否具有鑑定古玉之能力，實令筆者懷疑。此研討會數年後，台北故宮將近代購藏玉器，採用「拉曼光譜檢測儀」檢測出台北故宮購藏數件玉器為「閃玉」（亦即「真玉」）時，這位鄧大研究員即大喜著文稱：「故宮近年之購藏玉器是真玉的古文物」，此舉實又令人啼笑皆非。因為拉曼光譜僅在於檢測礦物之種類，即令玉器經檢測為「真玉」，那只是在証明該玉器為閃玉類。是否為古玉器則尚需經過多道的鑑定程序，方能確認是否為古文物，台北故宮之閉門造車，鑑定能力之生疏，令人擔憂其所購藏玉器之真偽。

漢　黃玉雙環饕餮紋玉蓋瓶 圖13

高 18 cm × 寬 6.3 cm × 厚 6.2 cm

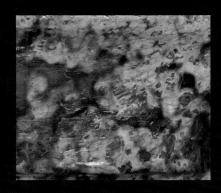

文物賞析重點提示：

本器以饕餮及穀紋（周南泉先生「古玉器收藏鑑賞百科」乙書註此紋飾為臥蠶紋）為器身主要紋飾，全器風化現象極為嚴重，似受朱砂所沁呈褐紅色，全器白化受沁處顯微放大透閃石次生、陽起石次生現象明顯。為漢代以饕餮為主紋飾之特殊黃玉蓋瓶。

藏品來源：

溫州府鹽知事、浙江省參議員 陳益軒先生
1922 年購於北平琉璃廠
延清堂　任雁亭掌櫃

1-14
提出告發、找出真相

　　台北故宮包括鄧淑蘋、杜正勝在接受新聞媒體採訪時，均分別對古董商之角色與鑑定古玉之能力提出意見。表面上這些言論看起來似乎無傷大雅，但實際上卻透露出彼等對古董商鑑定能力之輕蔑與不屑，由此亦可見彼等對古玩歷史之淺視。要知，自有古玩行業以來，歷史上知名之古文物鑑定大師，百分之八十以上均是古董商，君不見大陸北京故宮多位研究員及國家文物鑑定委員會之委員，如書畫鑑定專家劉九庵、陶瓷鑑定專家孫會元等，原都是北京一帶之古董商，在師徒相傳下，所培育出之各類文物鑑定大師。

　　如果說世上有那二種人最注重古文物之真偽，第一莫過於收藏家，第二就是古董商。有人問為什麼？其實不難理解，因為他們不論買或賣，都需付出大筆金錢，想想有誰願花大錢去買假貨，而古董商更擔心買進打眼貨（即仿品），在同行中丟臉。所以，收藏家與古董商無不想盡辦法研究鑑定古文物方法。以筆者外祖父、父母親早年即由上海、北京購進古董之掌櫃處，學到了一些鑑別古玉器之方法。放諸今日仍十分受用。

　　眼見台北故宮之態度以及立委似乎已不再針對購藏古玉繼續質詢，然筆者認為本案先不提台北故宮所購玉器金額是否合宜，僅就台北故宮承辦人與古董商之間交易過程，多有觸犯我國各項法令，基於國民義務即彙整相關證物向台灣台北地方法院檢察署提出「刑事告發狀」，告發狀內容如后：

刑事告發狀

告發人：金天放

被　　告：○○○有限公司

法　　代：○○○

被　　告：鄧○○

為被告吳○○、鄧○○共同偽造文書、逃漏營所稅、公務員圖利罪等罪行依法提出告發事：

一、緣告發人為玉器收藏及喜好者，對於國內古玉器文物之市場交流，向來十分關注。被告鄧○○女士任職「國立故宮博物院」（以下簡稱故宮）玉器組組長乙職，為「故宮」近年來購藏玉器之主要承辦人。此在另一被告「○○○有限公司」（以下簡稱○○○）負責人吳○○先生接受「藝術新聞」雜誌訪問時即已指明（證物一）（被告吳○○稱：同時吳○○也為台北故宮器物處玉器科鄧○○科長感到冤屈，他認為鄧○○在購藏古玉上全力在把關）。等言詞可資佐證。

二、被告自七十六年來即與被告吳○○有購藏玉器之業務往來，八十四年時又與被告及另二家古董商合辦「群玉別藏」之展覽（此可由證物一被告吳○○稱：對於群玉別藏續集展覽的紛亂爭議，吳○○強調絕對沒有所謂利用國家級博物館來漂白民間所藏古玉的意圖。等言詞證之。），在明知另一被告吳○○所賣給「故宮」四百餘件古玉均為「○○○」之營業行為（此在證物一專訪○○○主人吳○○之標題「我賣給故宮的四百餘件古玉沒有一件是偽造的」自白即可證之。），被告卻為配合被告吳○○所經營之「○○堂」逃漏營業稅、營業所得稅，竟然接受被告吳○○以「○○堂」之外之人頭蔡○○（吳○○之妻）、吳○○（吳○○之妹）、甚至是被告吳○○個人名義，向「故宮」領取「○○堂」之販售款項。導致逃漏營業金額高達新台幣伍仟參佰零捌萬元整之鉅

額營業稅及所得稅之徵收。此有「故宮」「八十五年度至八十九年度購藏古文物明細表（證物二）」可茲證明。另在證物一中被告吳○○稱：對外界質疑為何用五個不同的名義賣玉器給故宮，吳○○解釋這絕不是在逃避責任，完全是財務規劃上的考量，希望以此達到節稅的目的，過程中並沒有觸犯法律的過失。即可證明被告吳○○確實以人頭達到逃漏營業稅、營所稅之行為，係觸犯稅捐稽徵法之規定，其行為自然構成逃漏稅。

三、被告鄧○○為「故宮」玉器組科長，對「故宮」向被告吳○○所經營之「○○堂」收購玉器，在明知為不實之事項（即被告接受以被告吳○○所提供之人頭名義向「故宮」簽報並由人頭分別領取販售款項），基於協助被告吳○○所經營之「○○○」達到逃漏稅目的，將被告吳○○所提供之人頭名字登載於職務上所掌之公文書，其行為明顯觸犯刑法第二百一十三條「公務員登載不實事項於公文書罪」，同時，被告鄧○○亦因協助被告吳○○所經營之「○○堂」逃漏稅，觸犯稅捐稽徵法及刑法第一百三十一條「公務員圖利罪」。

四、回顧被告等上述犯罪行為之利益共犯連繫，事實，是有其脈絡可尋。「○○堂」於民國七十六年即以「一○堂」或香港「○○堂」名義販售文物予「故宮」，然其數量十分有限，此可參見「故宮」「七十五年度至八十四年度購藏古文物明細表」（證物三），即可查明。八十四年時，「○○堂」及另二家古董商「○○文物有限公司」（負責人：徐○○，地址：台北市○○路○段○○○號）、「○○○古玩有限公司」（負責人：張○○，地址：台北市○○○路○段○○號○樓之一），為彼等販售予民間企業家之玉器，藉由被告鄧○○任職「故宮」玉器組科長職務之便，在「故宮」舉辦美其名為企業收藏家之「群玉別藏」玉器展覽，藉此漂白及為所販售玉器背書。也因此次之合作，彼此間有了利益共犯連繫，自八十五年起，被告鄧淑蘋即以職權大量編列預

算，向「○○堂」、「○○」、「○○○」收購玉器、文物，其金額
截至八十九年近新台幣貳億元左右（此可參照證物二「故宮八十五年
度至八十九年度購藏古文物明細表」即可證明。）

五、八十八年底被告鄧○○應是食髓知味，再利用職權配合此三家古董商
為彼等販售予企業家之玉器，在「故宮」再舉辦名為「群玉別藏續集」
展覽，再度為此三家古董商之商譽背書，並出版「群玉別藏續集」書
刊（證物四），使展出之玉器得到「故宮」背書，而有其預期漲價獲
利龐大空間。

六、比對「○○○」八十八年初為其販售予楊○○、賴○○夫婦玉器所出
版之「古玉精選月曆」（證物五），在此月曆中三月份之「玉雁」即
刊載在證物四「故宮」所出版之「群玉別藏續集」書刊中。

七、被告鄧○○此種利用職權編列大量預算向此三家古董商收購文物，又
不斷舉辦展覽、出書為此三家古董商販售之古玉背書，當然為彼等古
董商帶來無限商機、利益；同時，並協助「○○堂」逃漏稅，此種行
為明顯有利益結合之共犯連繫。合理懷疑應涉有瀆職，對被告鄧○○
是否涉「受賄」，亦是合理推測，希望貴署清查其貪污之犯罪事實。

犯罪證據

一、由告發人所檢具之證物，對被告等觸犯偽造文書、稅捐稽徵法及公務員圖利等罪，已是事證確鑿，不容被告等狡辯。

二、如 貴署清查相關涉案被告親友相關銀行帳戶當能明白是否有異常金錢進出，而揪出彼等罪行、受賄款情形。

三、清查「故宮」八十四年度至八十九年度購藏古文物內部公文簽辦單，當可瞭解此黑箱作業過程，是否另有 涉案公務員。

四、本案事涉「故宮」黑金結構之查察，希 貴署能將此政府機關腐敗情形，徹底掃除不法，以還納稅百姓公道。

　　　謹狀

台灣台北地方法院　　檢察署　　公鑒

證物一～證物五（均影本）

　　　　　　　　　　　　　　　　具狀人：金天放

　　　　　　　　　　　　中華民國九十年二月十三日

漢　鏤雕中孔龍紋三螭玉璧 圖14

圖徑 11.2 cm × 厚 1.3 cm

文物賞析重點提示：
本玉璧中孔鏤雕龍紋，三穿雲螭以淺浮雕方式游玩於璧上，碾工極為精巧，本器受風化溶蝕部份呈褐紅色，白化處顯微放大可見次生生長現象。為漢代皇室玉器。

藏品來源：
溫州府鹽知事、浙江省參議員　陳益軒先生
1923 年購於北平琉璃廠
延清堂　任雁亭掌櫃

88

1-15
監院調查、提糾正案

　　「告發狀」提出約 1 個月左右，筆者接到調查局台北市調處來函，就本案約談筆者。約談當天筆者進入台北市基隆路市調處 2 樓 1 個小房間，由一位自稱調查員者進行訪談，約談內容除筆者「告發狀」所舉發之事宜外，該調查員不斷追問筆者還有無其他貪污之証據。筆者告知，筆者又非司法人員無權調閱台北故宮相關採購文件，是否有貪污自應由市調處依職權進行調查，不久約談就此結束。

　　事後，筆者想市調處內部人員既有涉入「凡真」乙案，恐怕此告發案將不了了之，不過據市調處內朋友告知，有人看不下去私下將筆者之告發狀內容送往監察院。不如所料，此告發案檢察署以查無實証結案。但監察院卻提出糾正案，2001 年 5 月 11 日各大報均刊出監察院之糾正案內容，由於各報之報導角度各有不同，現將當日民生報、聯合報、中國時報等報導轉載如后，供讀者觀讀；由報導中讀者亦可看出台北故宮在典藏古玉時有諸多弊病與違法之處。

故宮玉器購藏　來源過度集中　展覽涉有違失
監院提案糾正

【記者高泉錫／報導】〈90 年 5 月 11 日（星期五）民生報 A7 藝術新聞 版〉

　　國立故宮博物院近年來購藏玉器，藏品徵集來源過度集中單一廠商，典藏徵集玉器「來源不明」，並以國家博物館地位提供場地協助民間舉辦玉器展覽，有為私人收藏玉器背書之嫌，監察院經深入調查後，認為故宮博物院涉有違失，昨天提案糾正。

　　故宮近年來購藏玉器引發外界不同看法，立委陳景峻質詢故宮購藏的古物中，有不少是大陸仿製玉器工廠的「傑作」，部份媒體採訪故宮資深

研究人員，也認為典藏古玉因受限於科學考證及欠缺專家，難免有所失誤，監察院專案調查小組深入檢視故宮八十五年以來玉器徵集的購藏清單、評審資料及相關規定、作業程序，發現故宮確涉有疏失，亟待檢討改進。

監院指出，故宮於八十八年與民間收藏家聯合舉辦古玉特展，以國家博物院之地位，提供場地協助民間舉辦玉器展覽，恐有為私人玉器收藏背書之嫌，應檢討改進。

來源過度集中單一商家　且配合規避稅賦

監院糾正故宮購藏玉器做法不當

【記者何明國／台北報導】〈90 年 5 月 11 日聯合報（星期五）14 版 文化〉

監察院昨糾正故宮博物院近年購藏玉器作法不當，藏品徵集來源過度集中於單一商家，且配合商家規避稅賦；另外，典藏徵集的玉器來源不明，商家若取得管道不當，故宮將背負不義之名。

監委馬以工和黃武次調查故宮購藏玉器的弊端，發現故宮歷年購藏玉器只能在國內收購，但過度集中向單一商家購藏。以八十七年度為例，八十七件購藏品中，七十三件向吳棠海及其關係人議價收購。七十九年至八十八年期間，吳棠海等五位商家（有親戚關係）共出售故宮一億兩千餘萬元玉器，較排序第二位的商家高出一億元左右，顯示故宮購藏玉器的資訊未公開，購藏管道過窄，恐無法將具文化意義的重要古玉，盡量納入故宮收藏目標。

監委所提糾正案文指出，故宮坦承分散向吳棠海等人議價採購玉器，是為配合商家減輕稅賦，恐有違反稅捐稽徵法及公務員服務法之虞。

　　此外，監委調查發現，故宮典藏徵集的玉器，商家並未檢附出土記錄，在來源不明情況下，如商家取得管道不當，如玉器來自古物盜掘者，或以走私方式運離大陸，則故宮為購藏者，即使所購悉為真品，亦將背負不義之名。

監察院糾正故宮案

林柏亭：購藏文物秉公依法

【記者李玉玲／台北報導】

　　監察院昨天對故宮近年購藏古玉程序提出糾正案。國立故宮博物院副院長林柏亭表示，故宮購藏文物一向秉持透明公開原則依法行事，絕不會配合商家規避稅賦。對於監察院所提各缺失，故宮將等收到糾正文後再調查與了解，在外界疑慮未解除前，故宮將暫緩玉器採購。

　　對於監察委員調查指出，故宮近年購藏玉器集中在吳棠海等五家有親戚關係的骨董商，金額達一億兩千萬元，並有配合商家規避稅賦的疑慮。林柏亭澄清，吳棠海五家有親戚關係，故宮事前不知情，故宮購藏文物，考慮的是文物本身，以及是否合法，不會探求骨董商背後的關係。

　　至於糾正文提到玉器科長鄧淑蘋坦承，分散向五家骨董商採購，是為配合商家減輕稅賦，林柏亭說，因為鄧淑蘋現在國外，無法求證，必須等她回國再了解，不過，林柏亭強調，要如何合法節稅，商家比故宮更清楚，故宮沒有立場從旁協助。

　　糾正文另提到故宮於民國八十八年所辦「群玉別藏展續集」，參展收藏家的藏品也大都購藏自這五家骨董商，林柏亭表示，故宮是針對收藏家

邀展，不會去了解這些藏品是從那裡來。

　　林柏亭指出，由於故宮未收到監察院糾正文，不清楚實際糾正內容，現在談是否要懲處失職人員還言之過早。

監院糾正故宮購藏玉器程序

指來源集中單一商家、賣方取得管道不明

【陳希林／台北報導】〈90 年 5 月 11 日（星期五）中國時報 21 版 藝術文化〉

　　監察院教育委員會昨天通過監察委員馬以工、黃武次等人針對國立故宮博物院數年來購藏玉器程序所提出的糾正，認為來源過於集中，且故宮提供場地協助民間舉辦玉器展覽，恐有背書之顧慮。

　　立委陳景峻指出，這是故宮首度遭監院糾正，他希望故宮從此拿出解決問題的魄力。

　　在糾正的主文中指出，故宮博物院「藏品徵集之來源過集中於單一商家」，而且為配合該商家的規避稅負，又分散向該商家的關係人（如配偶等）採購。至於玉器的取得管道等來源也不清楚，可能使故宮背負不義的罪名。

　　主文中還說，故宮以國家博物院之地位，提供場地協助民間舉辦玉器覽，「恐產生為私人玉器收藏背書及誤導之不當影響」，有待商榷。監察院認為，故宮近年來購藏玉器，在任事用法上都有疏失，因此提案糾正。

　　糾正文的事實及理由部分指出，故宮八十七年度買進的八十七件藏品，有七十三件是向商家吳棠海及其配偶、妹妹等人採購。七十九年度到

八十八年度之間，吳棠海等五位商家共賣給故宮一億兩千萬元的玉器，比排序第二名的商家多出了一億元，顯示來源不夠多元。

故宮人員也曾向監院承認，向吳棠海及其配偶、妹妹等五家採購，是為了配合這些商家減輕稅負。

在來源方面，商家沒有提供出土記錄，可能使得故宮買到來路不正的藝術品（如走私、盜掘），將使得故宮背負不義的罪名。

另外，故宮於民國八十八年與民間收藏家聯合舉辦古玉特展，監院認為如此恐怕產生為私人玉器收藏作背書的嫌疑。

故宮副院長林柏亭昨天回應，指出糾正通過後是否牽涉到故宮內部人員的行政處分，仍然要等到監察院糾正的正式公文到了故宮，再視糾正之事實來決定。

他說，來源集中的問題牽涉到整體市場貨源的供應，在貨源供應少的情況，故宮自然透過能提供較佳品質的供應商購藏玉器。

賦稅的節省，他認為這是商家自己最為敏感的事，就算不必知會故宮博物院，商家也曉得如何節稅。至於為何故宮的人員會向監院承認故宮協助商家節稅，他表示發言者目前人在國外，不宜代其說明。

多次就故宮玉器購藏之程序及實質問題，在立院提出質詢的立法委員陳景峻昨天說，這次的糾正僅是針對購藏的程序所發，而從程序上的瑕疵來看，不難推想實體上的問題如玉器真偽，應也有諸多疑點存在。

他希望故宮能藉此機會，展現面對問題，解決問題的魄力。陳景峻說，故宮應該以開誠布公的方式來處理玉器購藏的問題。

　　監察院所通過之糾正案中，所有糾正內容與筆者所提出之告發案，幾乎如出一轍。可嘆的是調查局台北市調處查弊竟然一無所獲，如此之辦案能力，令人懷疑幕後是否真有黑手存在。否則，以筆者提出之諸多証據，竟然都查無違法。而亦未聽聞台北故宮對購藏古玉之承辦人員事後有任何行政處分。時至今日諸多台北故宮工程弊案一一爆發，上述之一切結果也就想當然爾了。

漢　螭龍紋玉蓋瓶 _{圖 15}

高 17 cm × 圓徑 10 cm

文物賞析重點提示：

本玉瓶係由瓶蓋、瓶身及瓶座三部份結合而成。全器風化呈白化現象，顯微放大陽起石次生、透閃石次生現象遍佈器身，為漢代少見之三件式組合螭紋玉蓋瓶。

藏品來源：

溫州府鹽知事、浙江省參議員 陳益軒先生
1922 年購於北平琉璃廠
延清堂　任雁亭掌櫃

第二章　扭轉乾坤

2-1
文物鑑定、真假龍袍

　　2001 年 10 月中旬，有一友人稱其胞弟在幾年前，以新台幣 100 萬元購買了一件清朝皇帝之「龍袍」，並有國立歷史博物館的研究員鑑定確認（此說詞係朋友所言，筆者並未加以求証），現聽說筆者對中國古文物有所研究，擬請筆者為之鑑定。

　　筆者告知鑑定「龍袍」並非筆者所長，但如不嫌棄可幫忙分析一下，次日友人即陪同其胞弟攜「龍袍」至台灣台北市南京東路四段辦公室，請筆者為其鑑定。

　　筆者仔細看了「龍袍」之內外用料與袍上之刺繡後，即向友人弟稱，在鑑定此「龍袍」前，先說一段有關清皇室宮中服飾之製作程序予友人弟分享。筆者說道：明、清皇室設有內務府造辦處，為皇室打理生活起居之一切事務。在北京設有官辦繡花作坊，就在前門外南草市一帶，屬內務府造辦處管轄，所出產品稱為「宮繡」供皇室、王府貴爵們穿用。由於宮繡是作給皇帝、皇后用的，因此講究的是精工細緻，不怕費時，給皇上繡的「龍袍」有時製作時間長達一、二年之久。

　　根據內務府造辦處記載，「龍袍」上的刺繡圖案是有定制的，「如肩担日月，前星、後山，還有龍、華蟲、宗彝、藻、火、粉、米、黼、黻」總稱十二章。皇后、臣宰、貴婦又各有定制。總的說，宮繡特點「繡工精細，走針層次整齊，串針方向順利，配色協調，富麗大方」，其針法技巧「平金打籽、全面平齊，堆疊有致，稜角清晰」，可說一絲不苟，不可有一針一線有所瑕疵，否則，就如官窯之官瓷一樣，一旦有誤，就直接銷毀，不可留存。

　　而眼前友人弟所購之「龍袍」，筆者請友人弟自己看，但見「龍袍」用料內裡為粗布，「龍袍」本身亦非綾羅綢緞，上面所謂五爪金龍針法零亂不堪，不用鑑定已可斷為非清朝皇帝所穿之「龍袍」。

友人弟猶不死心問道，看這件「龍袍」似乎很舊，應該有些時日了，如果是舊的，在封建時代除了皇帝能穿「龍袍」還有誰敢穿呢？筆者告知，其舊可能是仿者作舊所致，另外，在清朝時皇室亦准許一種人在表演時可穿「龍袍」，那就是戲子。

事實，文物鑑定就如劉東瑞老師一再告誡，應瞭解所鑑定文物之背景、製作方式、所用工具、料材，否則，鑑定只憑感覺或主觀意識，則往往真假不分、失之千里。

就以古玉鑑定而言，九〇年代在台灣有所謂的紋飾、形制派或甚至認為和田玉器無沁色之說的所謂專家；前者，反正沒看過或與其認知有別之玉器，均一律打入仿古玉行列。另外一派則只要其看不順眼的，全部稱係河膜石所仿製，由於上述人等，均在古玉界享有一定地位，出此言論混淆視聽造成真、假不分，令人遺憾。

今日科技一日千里，可資使用辨別古玉之儀器陸續發明，再加以地質學家（古玉屬礦物類），以科學角度研究礦物風化過程中所產生之玉器次生生長變化，都是古玉鑑定時極為重要之鑑定依據。如何以客觀之角度，結合科學之論證，依序逐一鑑別，方可區分真、假，亦不致造成「真成假」、「假變真」的錯誤。

漢　螭龍紋玉蓋碗 圖16

高 10 cm × 圓徑 10 cm

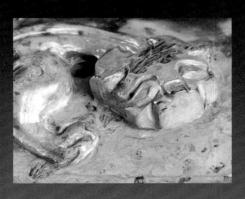

文物賞析重點提示：

本器整體碾工極為精緻。三螭盤踞於碗蓋上，碗身滿飾鈎連雲紋。全器風化現象明顯。玉器白化處顯微放大下滿佈陽起石次生生長。為難得一見之漢代宮廷玉蓋碗。

藏品來源：

溫州府鹽知事、浙江省參議員　陳益軒先生
1922 年購於北平琉璃廠
延清堂　任雁亭掌櫃

2-2
保存文物、白蟻成災

文物保存在每一個博物館都是非常重要的工作，諸如書、畫、木質文物，甚至國外博物館中收藏之木乃伊，都需有專業人員來規劃、管控，否則極易毀損。

古玉之保存，由於玉器本身是摩氏硬度達 6 以上礦石，只要不長期浸泡在水中，或接觸易褪色之布料或染料，基本上古玉在有限時間內是不容易產生變化的。

自古至今，收藏家多半以錦盒或木盒來放置及保存古玉，筆者外公、父母親亦不例外的先以錦盒及木盒存放古玉，再放置於檜木大木箱中，由大陸至臺灣歷經約百餘年均無差錯。

2009 年底，住家鄰居整修室內地板及裝潢時翻出成群白蟻，造成白蟻四處飛竄。鄰居雖告知有蟻禍，然筆者總認為有檜木箱保存，蟲蟻應不至侵入，就疏忽未經常打開箱子查看。

一朝，外籍看護 LENI 看到放置二大檜木箱附近牆壁有白蟻築巢之線狀痕跡，即請筆者內人前往探視，內人揭開檜木箱蓋子一看幾乎暈倒，因為所有放置古玉之眾多錦盒、木盒，都已成為黑色之焦土。彷彿是火災後之廢墟，所有錦、木盒（只要是木質或有布料之物）均被蛀食成黑色砂粒狀。

筆者返家後，看到此慘況，可說欲哭無淚，許多具有放置古玉價值之錦、木盒，一夕間變成了灰燼，損失慘重。外祖父與母親購藏古玉時，習慣在原收藏古玉之錦盒中，夾放一張字條，上面書寫購買時間、向誰購買、價格等資料，在此次蟻害中，亦付之一炬。所幸，父親 1995 年往生前，將家族收藏古玉交付筆者長子金尚聖、次子金尚孝為傳家寶時，即曾命筆者分別將家族收藏古玉來源建檔；今雖原具有價值之老錦盒、木盒（及部分具有彰顯古玉歷史價值之題字）均已化為灰泥，但總算仍有筆者手寫購藏古玉之檔案資料，尚可交付子孫，藉此瞭解先人們收藏古玉器之用心。

經過整整約三個月左右時間仔細的清洗，除有一件戰國小擺飾之螭龍頭部斷裂外，其餘都完好無缺。筆者想這真是不幸中之大幸，如果是書畫、木雕則就全完了。這些古玉至今筆者尚未一一為之訂製合宜之錦盒，還真愧對先人。

在清理中，有部份玉佩飾筆者曾用絲繩穿繫佩戴，發現絲繩絲毫未受蟻蝕，經分析乃絲繩中含有尼龍成份，另一、二件以塑膠袋放置者未受蟻害，可見白蟻不喜化學用品（即塑膠、尼龍製品）。

筆者現以大型塑膠桶盒放置古玉（先以錦盒裝置），再於桶外放置樟腦丸，如此可免白蟻之害。因此，提醒古玉收藏家務必小心白蟻，否則輕者花錢消災，重者抱憾終生。

漢　鈎連雲紋蝶形玉蓋盒 圖 17

高 7 cm × 圓徑 17.5 cm

文物賞析重點提示：
明清以來，世人總以痕部都斯坦之琢玉工藝為天下第一，無
非係以其碾玉之巧，能將玉瓶之瓶身打磨如紙般細薄。本器
除器身呈蝶形狀外，盒身亦薄如紙般，足見中國早在漢代時，
玉　　展玉工藝之精巧就之清代痕部都斯坦之　工亦不惶多
讓。全器風化呈褐紅沁，為漢代罕見蝶形玉蓋盒。

藏品來源：
陳拾璜醫師
1946 ～ 1949 年間購於上海江西路北口路東
藝林古玩店　羅伯恭掌櫃

103

2-3
以進為退、引蛇出洞

　　「凡真」乙案發生第三天「聯合晚報」刊出乙則新聞，標題為「凡真質疑史博館看走眼」。在此新聞中惟一經台北市調處對外披露之「凡真」乙案官方古玉鑑定人員姓名，是「國立歷史博物館」副館長黃永川。然而，在此新聞報導中並未詳述本案古玉之鑑定方法與為何查扣玉器為仿古玉之詳細說明。因此，就「凡真」公司而言根本無從針對涉案查扣古玉之鑑定方法正確與否提出刑事答辯重點。

　　以古玉鑑定而言，在一般人的觀念中總認為「國立歷史博物館」的玉器研究員應該是此一專業中之專業，再加上此次又由台北史博館副館長擔任鑑定，其結果自然無任何可爭議之處。也因為這種普遍的觀念與認知，雖然筆者一開始也曾為「凡真」公司執筆寫了攸關古玉專業鑑定內容之「刑事答辯狀」，希望藉此引導檢察官能在審閱答辯內容後對古玉鑑定有所認知，進而重開鑑定。但本案終歸檢察官心證已成、而徒勞無功。

　　筆者現將當時代筆「凡真」公司所撰寫之「刑事答辯狀」之內容，刊載如后：

刑事準備狀（一）

案號：87 年度偵字　第 0000 號　承辦股別：○股被告：陳○○

為涉嫌常業詐欺乙案，依法提事實及未犯罪理由，以供貴署偵查參考之用：

事實

一、被告自民國 76 年，因家兄喜歡收藏中國古玉器之興趣影響，對中國玉器產生喜好，並進而開始研究、收藏。期間受親友支持，最多收藏量曾達壹仟肆佰餘件。84 年時，更受親友鼓勵，咸認被告確實具有此方面之專業鑑定天份與能力，於是在 84 年 8 月以「凡真○○有限公司」（以下簡稱「凡真」）名義，向經濟部提出公司設立登記。84 年 9 月

13 日獲經濟部核准設立（証物一），並准「凡真」營業「字畫、彫刻品、陶瓷藝品、古董、玉器、珠寶之買賣、經銷代理及進出口業務」（詳見証物一第六條第一項）。

二、被告在所申請公司獲准設立後，除積極籌辦公司各種生財設備之添購外；並進行相關業務之推展。首先，在 84 年 11 月於天母「大業高島屋百貨公司」進行為期乙個月之「中國古玉器」展售。展售期間除一般零售外，並定期（每星期日下午）舉辦中國古玉器之拍賣。時至 87 年 3 月 13 日經台北市調處查扣日止，被告公司均以相同之營業方式，在全省各大百貨公司、國際級飯店展售。

核計「凡真」歷年來營收所得約新台幣貳仟伍佰餘萬元（詳細金額，因帳冊均遭台北市調處查扣，故無法精算），在扣除人事費用、雜支開銷、廣告費用等後，收支大致相抵。因此，並無台北市調處所稱暴利；充其量，僅夠被告生活開支。如核計所售出之古玉收購成本，則「凡真」至今應屬虧損。

三、「凡真」自 84 年 11 月正式營運至 87 年 3 月 13 日經台北市調處查扣日止，其間之營運場址依類別可計分后列三種：

（1）百貨公司：即由百貨公司提供「凡真」展售場所，雙方則依百貨公司內專櫃拆帳方式，進行合作。（即每一件「凡真」玉器售出時，先由百貨公司開出統一發票；展售結束後，依雙方所訂合約，先由百貨公司扣取收 10% 至 20% 不等之租金後，餘款再由「凡真」開具統一發票具領）由於每一筆收、支均有雙方所開具之發票為憑，帳目十分清楚；也不可能有任何遺漏短報稅之情事。

（2）國際級飯店：其營業方式與百貨公司完全相同，在此不再贅述。其中較特殊的，在 86 年底時，「凡真」為贊助「彌陀文教基金會」

之成立，特別在台北市福華大飯店舉辦義賣，緣因主辦單位「彌陀文教基金會」文宣不足，尚造成「凡真」近四十餘萬元之虧損。此在查扣帳冊中均可一一查証之。

（3）國父紀念館邀請展：「凡真」於 86 年年中時，獲該館邀請，於該館三樓展出「凡真」各式古玉器。開幕當日，除由國父紀念館館長主持開幕儀式外，並有國立故宮博物院副院長等國家級文物單位長官蒞臨致詞。

依「國父紀念館」內部規定，「邀請展」屬該館最高層次之展覽，因此，其展出文物須經該館審核確實符合展項內容時（亦即不能有贗品），方准展出。由於係邀請展，因此，「凡真」無須支付租金費用，依規定亦不可有銷售之商業行為。

四、被告自民國 76 年接觸中國古玉器至今，由於自身投入研究甚深，因此，自信有鑑別古玉真偽之能力。所以，對所收藏之古玉有充分之信心；同時，在展售期間，「凡真」之古玉器亦一再獲同業及收藏家之肯定。而被告依法納稅經營古玉器之買賣業務，至今，實不知觸犯何法，尚請檢察官明鑑。

理　由

一、緣因本案系爭標的「凡真」之「玉器」，究係中國古文物抑或為現代所仿造之玉器，是為被告是否有觸法之關鍵。基於古文物之鑑定事涉專業知識，為使　檢察官充分理解，被告特別綜合相關同業、收藏家之論言，特別以深入淺出之敘述，期能將此專業相關事務予　檢察官有所認識。

首先，被告先將目前有能力參予鑑定此項古文物之專業或學術學派，依其研究領域將之分列如后：

（1）地質學鑑定學派：

中國之古玉除眾所週知之和田玉外，尚有其他地方性之玉種。而這些玉石均屬礦物。因此，地質學家依礦物演變之情形，以科學之角度據以鑑定玉器究係是否古文物，有其不可辯駁之科學論証。

目前，國內對此中國古玉器有深入研究之學術單位以「台灣大學地質研究所」為主；該單位並曾於一九九六年 1 月 12 日至 13 日於台灣大學國際會議廳舉辦為期兩天之「古玉之礦物研究國際學術討論會」（証物三），會中並發表多篇攸關古玉真偽鑑定之論文，深受國際上研究「中國古玉器」專家學者之重視與肯定。在此研討會中許多以礦物學角度所認定之古玉鑑定科學証據，已為現在鑑定古玉時重要之依據。

此學派之盲點有二：一即是古玉之埋葬地點或保存良好時，因古玉演變情形不顯著時，如以礦物學論証較有困難。二即是地質學家如未能對古玉之紋飾（証物三）或刀工（証物四）有深入之研究時，則無法為古玉「斷代」（古玉界稱斷定古玉之年代為斷代）。因此，此學派基於其研究角度，十分注重玉器保持原出土之原貌。

（2）考古學鑑定學派：

這一學派之研究者，除實際參予挖掘工作之考古學者外，尚包含各公私立古文物「博物館」之行政管理人員。

由於這一學派之研究者因平日工作，可接觸到許多古文物，所以，有部份之研究者或因喜好古玉，而成為古玉專家，如前故宮之那志良先生即屬此學派之佼佼者。

惟近年來各博物館對其館藏古文物之管制均趨於嚴格，因此博物館中人員要「上手」（古玉界稱將古玉拿在手上，並得以筆燈、放大鏡等鑑定輔佐工具仔細觀察之研究行為，稱之為「上手」）古文物之機會並不多，再加上其行政事務繁忙所致，因此，此學派近年來具古玉鑑定能力者越來越少。

這一學派研究者，亦基於保存古文物原貌，故如同前一學派一樣以保存古玉出土原貌為宗旨。

（3）民間務實鑑定學派：

這一學派人士包括古董業者、收藏家、民間古玉器研究團體等，其對古玉均因喜好或營業所需，因此，在充分吸收各種相關學派及自身玩玉之經驗後，其鑑賞玉器能力並不弱於前二學派之人士。

近年來，由於中國大陸考古學發達，不斷有大墓挖掘出土，而相關古玉器之紀錄圖片書籍亦大量出刊。另外以往只有「博物館」內人員或考古學者方可「上手」古文物之研究優勢，現則因中國大陸官方一切向錢看齊之作法，此學派人士均紛紛透過各種管道，都可在支付一筆研究費用後即可至大陸各大博物館「上手」（証物五）各項新出土之古玉器。再加上買賣需求，此學派所掌握之古玉資訊與看過之古玉器，實已遠超過前二學派。

也因為大陸一切向錢看齊之導向，在前幾年中共尚未嚴格管制古文物情形下，透過港澳有門道之掮客，大批挖掘出之古玉器流向台灣，而被告亦在此機會下收藏古玉。

二、在瞭解古玉鑑定相關學派區分後，接下來要說明古玉器市場買賣情形。一般而言，台灣地區民眾如要收藏購買古玉，其途徑除可在拍賣公司

上拍購外，另外即是到古董店或建國玉市等場所購得。由於真古玉十分貴重，因此，購買者多半對古玉有一定之認識，很少是完全外行的人即貿然進入。所以，購買者在經多次反覆自我鑑定後，方會出價購買。買賣古玉器有時或因個人鑑定能力及斷代而有所爭議，惟因購買者均非外行；除非玉器確屬近仿品，否則，在雙方討論或經出售業者專業解說後，都能皆大歡喜。如仍無法達成共識時，依這一行業慣例，賣家為証明本身信譽，都會給予顧客退換權利。所以，即使在無所謂公立鑑定單位之監督下，此行業仍能運作自如，且少有爭端，憑藉的即是這一份誠信（國外古董業者亦以相同營業形態營運）。

三、「凡真」自展售以來，購買者長達三年之久的顧客甚多，消費金額達百萬元者亦大有人在（此　檢察官可在所查扣之客戶資料中証之）。而這些人士，多半為社會菁英，且為具有高學歷之社會高知識份子，在「凡真」遭台北市調處查扣前並無任何買賣糾紛。即使在本案發生後，這些客戶們因本身對古玉均研有專精，因此，非但對所購古玉無信心動搖之情形，反而，一再透過電話給予被告精神鼓勵，此証明被告買賣古玉之態度與信用。

四、古文物之鑑定本就會因鑑定人個人之能力或觀點而有所偏頗。因此，依國際慣例，一旦發生此類爭端時，多會由不同學派之專家五至七人以上組成鑑定小組，再針對爭議之古文物作成書面鑑定報告，以示公信。

以台灣「日月場」所藏歷代古玉至大陸巡迴展時，其展品之一「黃玉獸面鉤連雲紋出廓圓珠系璧」為確定其「斷代」，即經中共不同單位之專家九人進行鑑定，並作成書面報告（証物六）。

另外現正在有線電視「國興衛視台」每星期六播放，由日本所製作之「寶物鑑定」電視節目。同樣的，其對較須慎重之古文物，亦均由五位以上專家組成鑑定小組。（証物七）。

由上述二例中可充分顯示，為慎重古文物之鑑定，並考量鑑定人士因各人觀點及能力問題，其鑑定應由不同學派之人士組成鑑定小組，並為求公信力，應作成書面鑑定結果供專家公評。

五、在簡單陳述有關「古玉器」之相關常識後，被告不竟要提出后列疑點質疑本案鑑定人「國立歷史博物館」副館長黃永川先生對古玉之鑑定能力：

（1）黃鑑定人如何在短短不到 3 小時中對一千餘件古玉器（包括「凡真」在環亞百貨公司展售之三百餘件古玉、「凡真」位於台北縣蘆洲鄉公司及被告家中未展售約計七百餘件古玉）完成鑑定，其速度之快幾達每 15 秒左右完成一件古文物鑑定，如訴之國際必成笑譚。

被告以為凡稍具一些古文物鑑定常識之人士，均會為黃鑑定人如此草率之鑑定行為感到訝異。而如此草率之鑑定其公信力何在？何況黃鑑定人至今未對其鑑定結果作成任何逐一之鑑定書面報告。這種「一語殺人」之不負責任行為，豈係國家級副館長應有之學術負責態度。

（2）黃鑑定人雖擔任「國立歷史博物館」副館長職務，惟據查其本身學術專長為「繪畫」。同時，黃鑑定人從未獲任何中國古玉器之國際研究單位授予之鑑定專家資格，更無任何與古玉相關之學術論文、著作發表。因此，其究竟以何種鑑定專家資格進行鑑定，而其鑑定結果又有何公信力，在在都令被告懷疑。

（3）依我國人事行政法規定，黃鑑定人其所以能高任「國立歷史博物館」副館長之職務，係依公務人員行政升遷辦法升任；並非因黃鑑定人具有古玉專業資格所聘任。因此，其雖高居國家級博物館

副館長之職務，係因其行政能力所致，而非其對古文物之鑑定能力。

因此，台北市調處引用其草率之鑑定結果即據以認定「凡真」均為仿古玉，並認定被告犯法，顯然過於草菅人命，無疑製造「白色恐怖」（以一無鑑定公信力之人之詞，在無任何被害人情形下，即行辦案，查扣人民財產，羈押被告），無怪乎全國經營古文物之業者均人人自危，不知何日亦遭此迫害。

（4）87 年 4 月 29 日台北市調處發還被告經查扣「古玉器」乙箱約三佰餘件，被告為昭公信，特將發還古玉陳列於天母「玄門藝術生活館」中（証物八），並公開邀請黃鑑定人蒞臨指証。公聽會當日有多位新聞記者到場採訪，惟黃鑑定人始未出席，此無法面對廣大民眾之行為究係心虛抑或根本不懂古玉，更令被告質疑。

（5）由發還之古玉中，有多件完全符合一九九六年由錢憲和（台灣大學地質學系主任）等五位學者所共同研究發佈之「鑑定古玉的礦物學証據」（証物九）論文中所稱：「無法以人工仿製而成之古玉」，如古玉沁色特徵「擴散暈」（見証物九 P25）、「多次風化」（見証物九 P25）、表面化學變化「黑色含鐵物質－黑漆古」（証物九 P28）、「蛀孔」（証物九 P30）、及差異風化「晶面的暴露－雲母光澤」（証物九 P31）、「紋溝風化」（証物九 P32），以及古玉的特別礦物「古代開採完的礦物」如粗粒閃玉、陽起石閃玉等絕跡之古玉礦物（証物九 P36）。

如黃鑑定人為古玉鑑定專家，則上述這些經黃鑑定人鑑定為假古玉者；然事實卻為地質學家公認無法仿製之次生變化古玉，為什麼黃鑑定人均未能鑑定出（証物十）。由此，足見黃鑑定人之鑑定能力實令人質疑。

六、陳述至此，相信　檢察官業已對本案系爭古玉之真偽有所體認。被告至今仍對黃鑑定人此種違反古物鑑定之行為百思不解，如勉強究其原因，恐怕係黃鑑定人根本不懂古玉所致（一般對古玉瞭解不深的人，總以為古玉埋在地底數千年之久，其形貌一定是老老的，全器沾滿泥土。然愛玉之人在收購古玉後，都會「盤玩」（証物十一）古玉。因此，古玉在肉眼下一如新物。以國立故宮博物院館藏之古玉而言，亦有人說其非古玉，事實它們也都是經「盤玩」後之真古玉，此有那志良先生所著「故宮藏玉」（証物十二）乙文佐証。

七、綜諸上述事實、原由，被告自84年11月正式經營古玉業務買賣以來，均依法營運，並無任何不法情事。同時，為教導民眾避免買到假古玉，尚自行印製多種「鑑定古玉」之書刊（証物十三），免費贈閱民眾；每次展售時亦免費舉辦「古玉鑑定講座」教導民眾如何辨別古玉真偽。另外在民眾購買「凡真」玉器時，均給予「鑑定証明書」（証物十四），且註明超過任何國內外業者所從未有之6個月可退換期限。其目的，均在求推廣正確之古玉收藏知識及給予消費者最大之消費保障。被告實不知有何違法之處（至於台北市調處於查扣本公司客戶資料後，循線找到一些對古玉尚屬認識較淺之新客戶，以「凡真之玉器經國立歷史博物館鑑定均為假古玉」為引，誘導這些客戶列名為被害人。此種以誘導方式將民眾列為告訴人之搜証方式，實嚴重影響司法辦案程序之公平、公正原則與精神，相信　檢察官定能明察秋毫，而被告亦相信，這些經誘導成為被害人之「凡真」客戶，如瞭解黃鑑定人之鑑定真相後，定能與被告再次進行古玉之買賣。

八、以上所陳均為事實，而被告所販售之玉器亦均為源自中國大陸之出土古玉器。今　檢察官如尚有疑異，可傳黃鑑定人到庭就本準備狀「理由」第五條第五款中所提供「凡真」經發還查扣古玉器，符合地質學家認定係礦物演變而不可能由人工仿製之古玉，為何鑑定為仿古玉乙

節提出說明。必要時，尚請檢察官准被告邀請有鑑定能力之收藏家與黃鑑定人，就爭議之古玉進行鑑定比較，相信，真相是愈辯愈明的。

九、本案黃鑑定人對「凡真」古玉之鑑定結果事涉被告是否觸犯「常業詐欺」之刑責，而此項鑑定結果更係具可供社會專家學者公評之「專業鑑定報告」。因此，基於保障被告應有之法律權益，懇請　檢察官依刑事訴訟法第二百零六條規定，命黃鑑定人提出鑑定「凡真」每一件玉器之「書面」鑑定報告，並同意由被告遴聘專業人士就其鑑定內容進行逐條之學術鑑定辯論。

如黃鑑定人無法提出上述鑑定古玉之書面報告；又無法解釋為何經黃鑑定人鑑定為仿古玉，而事實為地質學家依科學認定為無法仿製之古玉等事宜。

則被告懇請　檢察官還被告清白，並對本案予不起訴處分。同時，一併發還尚查扣在案之古玉柒佰餘件、現金貳佰餘萬元，以維被告生計，實銘感五內。

　　　謹狀

台灣板橋地方法院　檢察署　公鑒
具狀人：陳○○

　　此「刑事答辯狀」送交板橋地檢署後，並無任何動靜。有了以上之認知，筆者即建議「凡真」負責人，希望能採用三十六計中之「引蛇出洞」乙計，來促使黃永川提出其鑑定方法與依據。而運作方法即是針對台北史博館副館長黃永川，採用各種方式對其鑑定能力進行質疑，並不斷打擊其威信。目的期待黃永川能出面反駁。再藉其回應，找出其鑑定之破綻，進而質疑其鑑定公信力，使本案有翻身之機會。

　　坦白說，這只是沒有辦法中的方法，如果黃永川等鑑定人員不作任何回應，則「凡真」乙案仍是無望。但筆者告知「凡真公司」負責人在無計可施下，此計無論成功與否，只能做了再說。筆者於是發動新聞界朋友，除一再刊載有關「凡真」乙案之新聞外。並由筆者代筆撰寫「存証信函」乙封寄予黃永川及國立歷史博物館，該信函內文如后：

寄件人姓名：凡真〇〇有限公司　法代：陳〇〇
詳細地址：台北縣蘆洲市〇〇路〇〇巷〇〇號〇〇樓
收件人姓名：國立歷史博物館　副館長：黃永川
詳細地址：台北市南海路 49 號
副本收件人姓名：國立歷史博物館
詳細地址：台北市南海路 49 號

　　台端以國立歷史博物館副館長頭銜，却以「繪畫」專長越界草率鑑定本公司古玉，並在無任何逐一書面鑑定報告下，稱本公司一千餘件玉器均為假古玉，因而誤導台北市調查處查扣本公司古玉、財物及負責人陳〇〇遭羈押 46 天乙案。業已造成本公司財物與商譽嚴重損失。

　　今本公司將經台北市調處發還之三佰餘件古玉公開於天母「玄門藝術生活館」展示 10 天，除獲前來鑑賞收藏家及相關古玉研究者一致肯定外，本公司亦已將其中經地質學家認定為不可以人工仿製之高古玉器九件資料，送呈台灣板橋地方法院檢察署以為証據。

台端行為實已嚴重違反刑事訴訟法第 202 條中所稱「鑑定人應為公正誠實」之原則及學術專業精神。本公司本應即行對台端提起刑、民事訴訟，惟察台端或因非古玉專家而在越界時鑑定非有心之差誤；本公司同意如台端於函到七日內就上述原由逕與本公司達成和解。本公司同意不予追究。否則，即對台端與黃光男館長提起刑、民事訴訟。謹此通告。本公司連絡電話：（02）0000-5645、0000-8007　行動電話：0000000000」

　　接著，筆者又於 1998 年 5 月間，請託當時「獨家報導」友人沈友智執行長，針對「凡真」乙案進行採訪報導，該雜誌在 1998 年 6 月 28 日以專訪刊出，現將該報導結語部份之內容，載列如后：

　　綜觀本案公說公有理、婆說婆有理，這場專業「玉器」之爭，儼然又是另一個「古玉辨」的版本。玉器玲瓏剔透，反覆把玩，令人愛不釋手，雖說古玉標的價錢可是相差十萬八千里。這場現代版「古玉辨」的結局如何？到底公聽會開不開？只能拭目以待了。惟由記者採訪過程中，深覺「凡真」在其鑑定古玉之過程中，確實有其科學之鑑定論證程序，而其質疑黃永川副館長卻以「電話一端傳來一聲『喂』！我就知道是誰打來的」比喻來鑑定古玉，而卻未有任何之鑑定程序，其缺乏科學論據之鑑定程序是否可令人心服，尚有待讀者深思。而我們也期待可藉此案，使今後之古玉鑑定有其一定依據之方法。

　　除了上述各類新聞媒體之採訪報導「攻擊」外，筆者並請「凡真公司」於典藏雜誌、各平面媒體刊登廣告，全面質疑鑑定人黃永川之古玉鑑定資格與鑑定公信力。種種的「抨擊」自然造成黃永川不小之壓力，深覺臉面無光。在此情境下，無怪乎黃永川在接獲台灣板橋地方法院檢察署之「凡真」乙案「起訴書」後，如獲至寶，立即進行「反擊」，寫了一封書函給典藏雜誌。目的，不外乎昭告天下，由其鑑定仿古玉之「凡真」乙案業經司法單位起訴，藉此，重申自己為古玉鑑定專家之身份。

　　為了彰顯自己專家之威風，黃大副館長自然竭盡所能，闡明自己鑑定之理論與邏輯，而這也正是筆者「引蛇出洞」目的所在。此計能成，還有賴古玉庇佑，就「凡真」乙案而言，無疑是「山窮水盡疑無路，柳暗花明又一村」。

漢　乳丁紋黃玉蓋罐 圖 18

高 10.2 cm × 圓徑 8 cm

文物賞析重點提示：

本器係以和闐籽料黃玉碾琢而成，全器以乳釘紋為飾，經風化全器呈古玉極華麗之金黃沁，部份玉蓋部份有黑化現象，顯微放大下透閃石次生現象清晰可見，為漢代少見之玉蓋罐。

藏品來源：

溫州府鹽知事、浙江省參議員　陳益軒先生
1913 年購於北平琉璃廠
大觀齋　趙佩齋經理

2-4
「專家」出手、果然「不凡」

在筆者為「凡真」所策劃對國立歷史博物館黃永川副館長之「引蛇出洞」一連串行動下，1998 年 9 月份黃永川終於耐不住對其鑑定古玉能力質疑，在「典藏雜誌」刊出一篇名為「駁斥與聲明（對凡真刊登古董專家的神話破滅一文的回應）」大作。

當然，在這篇文章中，黃永川除大談其鑑定方法與理論依據外，也參雜了許多情緒性文字（其實，這點筆者也能體會，平常一向在文物界號稱國家級的鑑定專家，怎麼能忍受的了外界對其鑑定能力之質疑，更何況將之抨擊的一文不值，其有情緒，也是正常反應）。

由於黃永川這篇文章關係「凡真」乙案期後訴訟之扭轉，現將整篇文章全文轉載如后：

駁斥與聲明
對凡真刊登〈古董專家的神話破滅〉一文的回應

黃永川

典藏雜誌編輯先生台鑒：

貴刊本年八月號刊載有「凡真」名為〈古董專家的神話破滅〉（以下簡稱「凡文」）的廣告，文中作者陳○○先生為模糊司法人員辦案焦點，指名詆諱，嚴重詆毀本人名譽，本人除將依據採取必要法律行動外，請貴刊披載本文，以示媒體應有之超然與客觀立場。

本年三月間本館受教育部指示對市調處申請代鑑「凡真」該批「古玉」，本人等三人組成小組擔當此一任務，自始即以公務人員客觀守份與專業人員的良心與見地從事審慎的鑑別工作，換言之，關心的對象很單純，只是

該批玉器本身是否如標識文字所稱的古玉而已，鑑定結果已以明確文字記錄，並呈報教育部轉文委託單位—市調處。其後數百件的鑑定均在市調處人員陪同下，於嚴謹的過程中進行，若有閃失，不僅將如「凡文」所說將「使多數優秀同仁蒙羞」對象受害，鑑定人員必負法律責任，接受公務員應受的嚴厲制裁，豈能「笑談戲論」。

　　器物所有人陳先生居於自身的利益，不服鑑定結果乃意料中事，但無論如何，其說辭仍應受到尊重，因此司法機關有權且有責任另請高明復鑑，以保持高度的客觀性，本人等絕無異議，也甚表歡迎，但陳先生卻模糊焦點，以故宮玉器組鄧組長曾在其出版舊書上舉本館收藏品中有四件是「仿古」玉器為由，便質疑「史博館鑑定的專業能力」，這是那門子的邏輯（實則，本館早期入藏仿古品我們不瞭解嗎？而世界上那一個博物館沒有年代有問題的藏品？）還有，那個醫生受聘到醫院是作「打掃」工作的，陳先生的無知與情緒實在不值得本人一一駁斥，浪費筆墨。

　　至於鑑定的方法陳先生質疑鑑定時沒使用儀器，實則，古物鑑定與醫師之診斷病情大同小異，必要時才動用斷層掃瞄或開刀取樣一樣，但對當代仿品（正如台灣滿街充塞的），只是消光、化學加溫變色，或放射線照射老化等所造的「古物」之類，以一般工具，由三人會診足足有餘，難道還須大費周章，為它如「凡文」所說作「X光螢光分析」或如本館之澎湖海底船古物之類，送中央研究院作元素定量分析，送牛津大學作比重及熱釋光檢視！

　　這是一個公正開放的社會，一切不法的行徑都應受到法律與社會嚴正的檢視，何況這批「古玉」件件俱在，司法單位怎麼讓它成為「凡文」所說是「一手可遮天」的「超級大烏龍案」呢！

　　茲值執筆之際，板橋地檢處大概看不慣這種指黑為白的「社會亂象」（凡文中語）及本人受到的詆毀，正巧寄來一份陳先生的起訴影本，起訴

日期是七月廿九日（如附件）（編按：文長未刊）該起訴書據說是故宮博物院終於接受檢察單位的函邀，派了四位玉器專家協助復鑑工作後，司法單位憑其結果所作的處置。

本人自始至終認為這是一樁極單純的真假之辨，所有作為應歸於事情的原點，當事人不宜作情緒發洩或人身攻擊，故而保持沉默 但五個月來「凡真」不時刊登不利於本人的污蔑廣告（如三月十三、十四、十六、及五月十六日的自立早報），並以哀兵姿態博得〈獨家報導周刊〉的同情，扭曲一說法，（然後再用這些說法假借「黃永川說」作為「凡文」的引證辭）以擾亂視聽，故而引起不少明眼人的關注與憤慨，來函鼓勵者達一、二十人（函如附件影本）（編按：文長未刊），本人因公務繁忙，無法一一函謝，但願借此聲明，表達個人由衷的抱歉與感謝。俗語說的好；「真理不容抹滅，公道自在人心」，此之謂也。

漢　多彩沁玉珠串（24顆）圖19

每顆直徑 1.6 cm

文物賞析重點提示：
漢前玉珠並不少見，惟每顆直徑達 1.6cm，且均受風化呈多
彩沁之斑斕 24 顆玉珠串，則難得一見。漢前玉珠具有活血之
功能，老年人佩戴胸前，或為手串珠，均有助血液循環。

藏品來源：
溫州府鹽知事、浙江省參議員　陳益軒先生
1913 ～ 1928 年間購於北平廊房二條
聚源樓　賈恆甫掌櫃

121

2-5
曙光乍現、專家露餡

　　劉東瑞老師在指導筆者鑑定古玉時，常要筆者緊記「大膽假設、小心求証」八字原則，其用意即在提醒筆者對於任何一件待鑑定之文物，都要先假設「它」為仿品，再經一連串小心之求証後，如均無符合仿古玉之現象，再求証其為真古玉之條件。

　　「凡真」展示中遭調查局扣押之部份古玉，筆者曾多次在該公司公開展示時承「凡真」負責人陳老闆，以同好之誼同意讓筆者以 15 倍放大鏡逐一仔細的鑑賞。在各項鑑定條件均符合古玉之情形下，筆者確認這些玉器均屬我國「文物資產保存法」所稱之文物無疑。

　　但筆者深知如係一般對古玉鑑定能力尚屬初學者，有可能說其中有一部份是「真」的古玉，有一些是「假」的古玉。但總的說，如全部訂為「仿古玉」，顯然這個所謂之「專家」根本是個大草包；也就是說肯定是古玉鑑定的門外漢。在此原則目標確定下，筆者自始即確認本案所謂史博館黃永川等古玉鑑定專家，對查扣古玉所進行之鑑定報告，根本是錯誤的（換句話說是外行人充內行人之烏龍鑑定）。

　　在典藏雜誌所刊登黃永川副館長之大作後，許多古玉界的人士都認為：「專家出手，果然不凡」，其文詞之犀利，用詞之尖銳，「專業」之敘述，等於為「凡真」乙案定了「死罪」，「凡真」可說翻案無望。但筆者卻從其字裡行間中，找 到本案可突破之處，現將這段關鍵文字再次載列如后：

　　「至於鑑定的方法，陳先生質疑鑑定時沒使用儀器，實則，古物鑑定與醫師之診斷病情大同小異，必要時才動用斷層掃瞄或開刀取樣一樣，但對當代仿品（正如台灣滿街充塞的），只是消光、化學加溫變色，或放射線照射老化等所造成的「古物」之類，以一般工具，由三人會診足足有餘，難道還須大費周章，為它如「凡文」所說作「X光螢光分析」或如本館之澎湖海底船古物之類，送中央研究院作元素定量分析，送牛津大學作比重及熱釋光檢視。」

　　在黃大副館長上述文章中，也顯露出黃永川該人之官僚氣息，對牽涉到民

間業者之案件，即稱「無需動用到科學儀器」，由他們這些自稱專家看看即可。此種「只許州官放火，不准百姓點燈」之官僚心態，令人齒冷，可說完全無視百姓之權益，可嘆！可恨！

但筆者更詫異的是，這位所謂專家對鑑定古玉之科學檢定，居然不甚瞭解；因為「Ｘ光螢光分析」、「熱釋光檢視」、「元素定量分析」等檢測方法，基本上，均非確切適用於古玉器之科學鑑定方法。而對仿古玉製作之認知，竟然是跟一般民眾沒兩樣，那就是黃副館長在典藏雜誌乙文中所寫：「當代仿品只是消光、化學加溫變色，或放射線照射老化等所造成的「古物」之類」。筆者早年曾前往中國大陸仿古玉工廠參觀，對於上述仿品製造之說詞，除「消光」、「化學加溫變色」實地瞭解確是仿古玉器製造方法（當然，此種以強酸、強鹼所製作之仿古玉，也各有其可資辨識之瑕疵），至於「放射線照射老化」乙節，則根本是以訛傳訛的無稽之談，據筆者實地考察，是唬「外行人」的話。

筆者自 1986 年從事自動化健康檢查之醫療業務以來，深知舉凡具放射線之儀器，在全世界均列為管制品。以 1998 年之前的中國大陸，放射線儀器更屬嚴禁之管制物品。非科技或醫療放射人員，根本無法接觸到放射儀器；即令能接觸得到，在放射線開啟照射時，其瞬間產生之大量電流亦非當時大陸一般鄉間電力所能承受。因此，坊間流傳以此昂貴方式製造仿古玉，本身就是荒謬，而事實也不可能做到。

至於，為什麼有人言之鑿鑿，筆者認為「放射線照射老化」之說法應是放射線鈷 60 治療癌症邏輯之延伸。因放射線照射人體癌細胞組織，會造成癌細胞死亡；但人體之細胞是有生命之物體，而玉石則為堅硬之礦石，它沒有生命。二者間根本風馬牛不相及。

然而，以身為國家「國立歷史博物館」副館長之尊的黃永川，竟然也跟一般民眾以此為其鑑定古玉之所謂認知和理論依據，其「古玉鑑定專家」之能力由此可見一斑。

　　為了讓此一謬論能以科學方式加以驗証、駁斥，筆者立即以自己擔任社長之「健康顧問雜誌社」名義，於 1998 年 9 月 8 日，以「87 年健字第○○一號」函請「行政院原子能委員會」能進行實驗予以解惑，現將該函全文刊載如后：

健康顧問雜誌社（函）

受文者：行政院原子能委員會

主　旨：本雜誌社讀者來信詢問，近日民間傳聞不肖業者以「放射線照射」方式，造成玉石老化現象。其成品是否含有輻射問題而影響人體安全，敬請貴會就專業科學角度，提供說明段中解答，以便告知讀者，敬請　惠予辦理。

說　明：

一、以原子能科學角度與技術，硬度為摩氏六‧○至六‧五度之礦石，能否以「放射線照射」方式造成礦石表面所謂老化現象？（亦即由光滑變成有皺摺現象）。

二、假稱上述之科技是可能的，那麼其「照射」之時間大約需多久？同時，會不會造成輻射殘留，進而影響人體？

三、如果有殘留輻射現象，應以何種之「輻射檢測器」檢測之？

四、如果第一、第二問題成立，則礦石之分子結構可不可能改變？

五、以上問題，敬請　貴會迅速函釋，以便轉知讀者。

社長：金天放

　　經過 20 天左右「行政院原子能委員會核能研究所」終於在 1998 年 9 月 29 日以「（87）核同字第 8705881 號」回函，函文全文如后：

行政院原子能委員會核能研究所（函）

受文者：健康顧問雜誌社

主　旨：有關　貴社函詢玉石輻射照射相關問題，復如說明，請　查照。

說　明：

一、依據行政院原子能委員會輻射防護處八十七年九月十八日（八七）處輻字第一〇〇五三號書函辦理。

二、本所同位素應用組目前擁有鈷六十加馬照射廠，以鈷六十加馬射線照射礦石，由於其能量不高（1.17Mev、1.33Mev），一般不會造成礦石表面皺摺的老化現象。

三、鈷六十加馬照射，不會產生殘留輻射，亦不會產生影響人體之現象。

正本：健康顧問雜誌社

副本：原子能委員會輻射防射線照射護處、本所同位素應用組

　　　　　　　　　　　　　　　　　　　　　　　　　所長：夏德鈺

　　在「行政院原子能委員會核能研究所」出具之公函中，明白顯示，以鈷六十加馬射線照射礦石，在實驗中並不會造成礦石「表面皺摺的老化現象」，有了這鐵一般的國家級科學實驗報告，筆者相信，有良知之審判長必然會對鑑定人黃永川之專業能力，大打折扣。當然，如此一來，「凡真」翻案之機會就大增了。

漢　玉具劍之雙螭龍紋玉劍首 圖20

高 2 cm × 圓徑 6.5 cm

文物賞析重點提示：

漢書匈奴傳玉具劍注：「摽、首、鐔、璏用玉」，本器為漢
代玉具劍（或稱玉劍飾）之劍首，全器受風化溶蝕嚴重，白
化處呈褐紅沁，各種次生現象明顯，沁成斑斕狀，部份似受
銅銹沁，與后之劍鐔、劍璏、劍摽合為完整玉具劍，為十分
珍貴漢代皇室玉器。

藏品來源：

溫州府鹽知事、浙江省參議員　陳益軒先生
1915 年購於北平琉璃廠
大觀齋古玩鋪　趙佩齋掌櫃

2-6
古玉有靈、法官停判

　　依照台灣刑事訴訟程序，刑事案件經檢察官起訴後，法院經準備程序、審理、証據調查後，當進行言詞辯論。「凡真」乙案因有二大國家博物館之所謂七位專家鑑定為仿古玉，因此，本案法官心証已成。1998 年 10 月審判長發出開庭通知書，將於中旬（詳細日期已無法詳記）舉行言詞辯論。換句話說，本案如無新証據需調查、一般審理法官在言詞辯論後，即將裁示宣判時間。一旦本案一審宣判，再進入二審，同樣很快會依台北故宮與歷史博物館之所謂鑑定公函加以判決，如此在二審定讞後，這批查扣之古玉將依法全部銷毀。

　　先不論查扣古玉之來源為何，但讓這批具有歷史價值之古玉毀損，相信，即令古玉有知也不允許。此時，行政院原子能委員會核能研究所的來函可說猶如急時雨，來的正是時候。劉永良大律師即行向法院提出刑事聲請傳訊本案鑑定人黃永川副館長之請求。

　　1998 年 10 月中旬，本案開庭，黃永川如時到庭應訊。照例的台北地方法院刑事庭審判長蔡政哲法官訊問所有應訊人之身份、住址後，即訊問鑑定人黃永川，其鑑定仿古玉之依據是否一如其於典藏雜誌上所寫文章內容，經鑑定人一一答是。也換句話說，「凡真」乙案所查扣之「古玉」，經黃永川鑑定均係以「消光」、「化學加溫變色」以及「放射線照射老化」所製造出來的仿古玉。

　　當審判長訊問被告委任律師劉永良大律師對鑑定人之答訊內容有無意見時，劉大律師請審判長再問鑑定人，對上述鑑定人所謂以「放射線照射老化」製作仿古玉之方法，是否即為鑑定人鑑定古玉之理論依據時。鑑定人黃永川答稱：「沒錯」，並還強調說：「這是其研究古玉鑑定多年學術所得，其依此方向、原則來鑑定古玉一點也不會錯」。這時，劉大律師提呈「行政院原子能委員會核能研究所」之公函予審判長，當審判長看完該函文內容後，只見審判長臉色大變，在審判席上喃喃自語：「怎麼會這樣！怎麼會這樣！」

　　審判長接著將「行政院原子能委員會核能研究所」之函文，交付法庭通譯人員轉交鑑定人黃永川觀閱後，再問鑑定人黃永川對「行政院原子能委員會核能研究所」的實驗回函有何意見，鑑定人答稱：「沒有」。審判長再追問：「那您剛才提放射線照射老化是仿古玉製作方式，也是您鑑定理論依據，究竟是怎麼一回事？」鑑定人答稱：「本身並未做過實驗，是聽說的」。讀者們想想看，一個決定文物真偽之所謂鑑定專家，其鑑定理論依據與邏輯竟然僅是道聽途說來的，而並不是自己研究、甚至親自實驗或勘察所得。讀者們，您說荒不荒唐。至此，黃永川其人是否為「古玉鑑定專家」，就無須再浪費筆墨去討論了。

　　古玉真的有靈性，此言詞辯論庭後，依司法審理程序審判長本應裁定本案之宣判時間乙節並未發生。蔡政哲審判長一未裁示辯論終結，二未裁示宣判時間，卻宣佈退庭，並告之被告將另行通知開庭時間。事後，由法院資料顯示審判長在本次開庭後，已決定另行尋求鑑定古玉之方法。本案一直到新接任之劉台安法官接案後，「凡真」乙案方再啟審理。

漢　玉具劍之螭龍紋玉劍鐔 ^{圖 21}

高 4.2 cm × 長 5 cm × 厚 2.2 cm

藏品來源：

溫州府鹽知事、浙江省參議員　陳益軒先生
1915 年購於北平琉璃廠
大觀齋古玩鋪　趙佩齋掌櫃

文物賞析重點提示：

本器為漢代玉具劍之劍鐔（又稱劍璏），全器受風化溶蝕
嚴重，白化處呈褐紅沁，各種次生現象明顯，沁成斑斕狀，
部份似受銅銹沁，與前之劍首，後之劍璲、劍摽合為完整
玉具劍，為十分珍貴漢代皇室玉器。

130

2-7
峰迴路轉、曙光乍露

　　古文物之鑑定，自明清以來，即令是眾所皆知之專家所作之鑑定，仍有許多人不服或有異議，究其原因係乃以往之文物鑑定均無一套明確程序與完整之「鑑定報告書」，自然無法令兩造心服口服。當然，爭議也就多了。

　　古玉之鑑定更是如此。有些所謂專家常以一些讓人摸不著邊際的文詞，來形容其認為是「真」、「假」的玉器。更有甚者，只說「這是真的」、「那是假的」，除此之外完全無需說明或解釋「假在那裡」、「真是為何」。原因無他，只因這些專家他擁有博物館官員之頭銜，如此而已。有人挑戰其鑑定能力，即會激怒他們，且反指民間人士一知半解，不值一談。

　　以「凡真」乙案，國立歷史博物館三位鑑定人員、台北故宮四位鑑定人員所出具之鑑定報告，只有「非屬文化資產保存法之文物」12 字。除此，完全無任何鑑定方法與理論之敘述，更未說明這些被鑑定之玉器為什麼是仿古玉。但別小看這樣輕描淡寫的幾個字，因為頂著國立歷史博物館副館長、台北故宮玉器組研究員之頭銜，已足令「凡真」負責人鋃鐺入獄，查扣玉器即將銷毀。如此置民眾身家性命如草芥，著實令筆者痛恨不已，不知這些人究竟是否為人生父母所養，如果是，良心何在。

　　由於黃永川副館長鑑定專業在庭上已蕩然無存，有是非觀之蔡政哲審判長自然無法以這種非專業人士之鑑定報告作為判決之依據。在「凡真」乙案偵查、審理中，筆者曾多次提供本案「凡真」所委任律師劉永良，在答辯狀中提出可以「拉曼光譜儀」檢測玉器之礦物屬性，以及採高倍數放大鏡或顯微鏡，檢測玉器之皮殼、沁色、次生變化、刀（碾）工之理論與方法，來確認查扣玉器是否為真古玉，後再依紋飾、形制加以斷代之建議。終於獲得蔡政哲法官之採納。

　　1999 年 10 月 1 日蔡法官以「台灣台北地方法院」文號「北院義刑團 88訴 1245 字第 23938 號函」行文「中央研究院地球科學研究所」，其全文如后：

臺灣臺北地方法院（函）

北院義刑國 88 訴第 1245 字第 23938 號

受文者：中央研究院地球科學研究所

主　旨：關於拉曼光譜識對於古玉及現代玉石可否作區別之鑑定，及其準確性如何，請說明惠覆。

說　明：

一、請惠予提供下列事項之科學上意見：

（1）古玉與現代玉石於礦物學上之成份或內涵有無不同？有何不同？成因為何？

（2）拉曼光譜對於古玉之鑑定，可作何種程度之鑑定？利用拉曼光譜可否區別古玉及現代玉石？其正確性之比率為何？

（3）若以現代技術，可否以現代玉石仿造古玉之外觀、成份及內容？可能之仿造技術方法為何？仿造之古玉以拉曼光譜儀可否予以鑑別出來？

（4）除拉曼光譜外，對於古玉及現代玉石之鑑別，有無其他儀器或方法可作科學上之鑑定或參考？（若有，則惠請提供相關資訊，本院已有譚立平及錢憲和先生所編「中國古玉鑑」一書）

二、本院承辦八十七年度訴字第一二四五號詐欺案件，認有鑑定古玉之必要，於譚立平及錢憲和先生所編「中國古玉鑑」收有貴所黃怡禎研究員及其他學者所發表：拉曼光譜在古玉研究中之應用（第三章）一文，請惠予提供科學上之意見及鑑定，並請指定期間及說明鑑定所需期間、樣品數目及費用，俾本院還送樣品（本案扣押玉器約一千件左右）至貴院鑑定。

院　　長：陳○○

法　　官：蔡○○

股　　長：陳○○

書記官：張○○

　　由蔡法官函文中所詢事宜，足見蔡法官已充分閱讀本案被告之答辯狀，亦對古玉器各項科學鑑定之理論與依據，有了一定的認知。平心靜氣而論，要一個法官對台北故宮、台北歷史博物館之文物鑑定報告棄而不用，進而採信民間收藏家建議之鑑定方法來釐清古玉真偽，坦白說，就像在進行一項「不可能的任務」一樣的困難。

　　1999年10月14日「中央研究院地球科學研究所」以「88地球字第382號」文函復台灣台北地方法院，全文內容如后：

中央研究院地球科學研究所　函

　　　　　機關地址：台北市研究院路二段一二八號

　　　　傳　真：（○二）二七八三-九八七一

受文者：台灣台北地方法院

速別：

密等及解密條件：

發文日期：中華民國八十八年十月十四日

發文字號：八八地球字第三八二號

附件：如文

主旨：檢送本所副研究員黃怡禎博士，提出關於「拉曼光譜儀對古玉及現代玉石是否可作區別鑑定等」之說明。

　　　覆請　查照。

說明：覆　貴院北院義刑團 88 訴 1245 字第 23938 號函。

正本：台灣台北地方法院

副本：

所長：葉義雄

拉曼光譜儀對古玉及現代玉石是否可作區別鑑定說明：

（一）古玉之構成礦物種類極為繁多，古人以「石之美者」為「玉」，因此任何礦物或岩石，只要其具有美觀之條件，多半可被古人（包含史前文明之人類）視為「玉」。因此古玉之礦物種類便相當多，但其中以閃玉（即透閃石－陽起石系列礦物）、蛇紋石及輝玉（即今人稱之「翡翠」）三種為最多見。其中輝玉自古並不被視為真正的玉，直到清代才由緬甸傳入中國。現代人所謂的玉則僅定義於「閃玉」、和「輝玉」兩種，其他的礦物或岩石只能稱為仿玉而非真正的玉，而古玉則除上述三類外，亦有方解石、石膏……等數十種不同的材料，均被當作玉使用。至於閃玉和輝玉之成份則古今皆然，因其皆代表某些穩定的礦物組成，但古玉由於在成形後埋藏在地下經年累月會在表面造成次生變化，或一般人稱之「沁色」，有時卻是一般新雕的玉器無法仿製的。古玉與新玉之成份一樣，在其形成礦物或岩石之地質過程自然是一樣的，大抵為變質岩之成因，只不過古玉是古人將玉原石開採後加工使用爾後流傳到今日，加上了歷史的色

彩，而新玉則是近年來（嚴格定義多少年算"近來"則目前尚無定論）現代工藝加工的成品，較少歷史的價值。

（二）拉曼光譜僅能對玉石作礦物相之鑑定，即辨認玉石究由何種礦物所組成的，以及沁色的物質為何，在區別古玉與仿古玉之鑑定工作上並無特別的幫助，因此若以拉曼光譜來鑑定古玉則其正確性之比率實在不值一提。

（三）現代技術可以在原古玉出土之地址附近，甚或玉器之來源地取得與古玉一般的玉石材質，然後經過切割、雕磨，再種種火烤、（加熱）、酸化等之處理方法往往可以做到以假亂真的程度；因此在鑑定上不得不慎防之，仿照之古玉一般均無法用拉曼光譜鑑定之。

（四）一般均用形制、雕工、材質（特定之年代有特定之石材）、沁色均勻、次生礦物等方法來鑑定，但拉曼光譜並非最佳方法。

中央研究院地球科學研究所

副研究員　黃怡禎

漢　玉具劍之螭龍紋玉劍璏 _{圖22}

長 14.2 cm × 寬 3.2 cm × 厚 1.2 cm

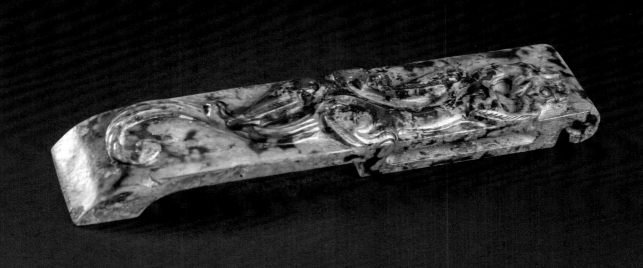

文物賞析重點提示：

本器為漢代玉具劍之劍璏（又稱劍衛），全器受風化溶蝕
嚴重，白化處呈褐紅沁，各種次生現象明顯，沁成斑斕狀，
部份似受銅銹沁，與前之劍首、劍鐔，後之劍摽合為完整
玉具劍，為十分珍貴漢代皇室玉器。

藏品來源：

溫州府鹽知事、浙江省參議員　陳益軒先生
1915 年購於北平琉璃廠
大觀齋古玩鋪　趙佩齋掌櫃

136

2-8

開封鑑定、古玉現身

台灣台北地方法院刑事庭劉台安審判長於 2001 年 12 月 19 日以「北院錦團 87 訴 1245 字第 25941 號」文，函請中央研究院進行本案玉器之各項科學方法鑑定，其函文內容如后：

臺灣臺北地方法院（函）稿

中華民國玖拾年拾式月拾玖日

北院錦刑團 87 訴 1245 字第 25941 號

受文者：黃怡禎博士

副本受文者：致遠管理學院（台南縣麻豆鎮南勢里八七之一號）

主　旨：茲選任黃怡禎博士（中央研究院副研究員，現借調台南縣私立致遠管理學院教授）為本案待鑑玉器之之鑑定人，惠請就附表一所示「玉器」鑑定，鑑定事項如說明二所示。

說　明：

一、本院審理八十七訴字第一二四五號常業詐欺案件，亟待明瞭。

二、請鑑定附表一所示「玉器」是否確係玉器？是否為古玉，抑或仿古玉？如係古玉係何朝代之古玉？並請填具附件二之結文一併擲還。

　　　　　　　　　　　　　院　長　林○○

　　　　　　　　　　法　官　劉○○　決行

　　中央研究院接受此項鑑定任務後，劉台安審判長隨即開庭，並在庭上詢問「凡真公司」負責人，要選那幾件查扣玉器送請鑑定。凡真負責人答稱：「由審判長親自挑選，件數愈多愈好，以示公正」。審判長立即要求「凡真」委任辯護律師劉永良、謝政達二位大律師會同書記官前往台北地方法院查扣庫房進行查扣古玉開封確認。此時，劉永良律師發現，該經台北市調處於「凡真」查扣當日所貼之查封封條，均無啟封之痕跡。因此，台北故宮之鑑定人員在調查局查扣涉案古玉貼上封條後，究竟如何在不起封情形下進行玉器之鑑定，實在令人好奇，也難以想像。

　　期後，劉台安審判長挑選扣案玉器 187 件進行鑑定。根據「凡真」負責人事後轉述，此項鑑定在「輔仁大學物理系光譜實驗室」歷經約壹個月的時間完成拉曼光譜及高倍實體顯微鏡檢測。每次檢測、鑑定時除有法院之見習法官、助理法官、書記官及劉台安審判長外，控方劉承武檢察官亦親自蒞臨鑑定現場，觀看研究室主任華魯根博士、黃怡禎博士及 2 名研究生以拉曼光譜儀、高倍實體顯微鏡之檢測鑑定與說明，在確認每一件均為閃玉（真玉）外，更在高倍顯微鏡下確認是真古玉器。

　　黃怡禎博士於 2002 年 1 月 7 日將鑑定報告書送交台北地方法院，其鑑定內容如后：

鑑定報告書

鑑定方法：

　　本案委託本人鑑定的玉器總計 187 件（明細詳見附件一），鑑定項目包括玉質及次生變化，紋飾型制及刀工等。依照這些鑑定結果，推論各玉器可能製造之朝代。本鑑定工作所使用之儀器包括拉曼光譜法及高倍實體顯微鏡等。前者主要用於玉質之鑑定，後者則用以鑑定各項玉器是否符合古玉之特徵，依上述兩項結果去推論其可能製造之朝代。

鑑定結果：

一、拉曼光譜：本工作在輔仁大學物理系華主任之光譜實驗室內完成。由於樣本數量繁多，在測定其拉曼光譜時為節省時間增加效率，我們只測量低頻部分之拉曼峰。典型之閃玉拉曼光譜示於圖一。所有玉器在經過比對之後，其玉質均與閃玉之特徵符合，即在 670cm-1（圖一，編號 7 之位置）附近有一明顯拉曼峰（如圖二，上圖），雖然有些玉器因次生變化情況嚴重，使此特徵峰之訊噪比降低（圖二，下圖），但仍可以藉此特徵峰之存在辨認其屬閃玉。

二、顯微鏡：鑑定項目包括沁色、次生痕及刀工等。絕大多數之古玉均可根據此三項特徵判斷之。沁色不論其成因，均以其顏色表示之，在這批玉器中最常見到的沁色為紅、黑、黃及褐色，其它顏色如白、綠、灰及混雜之彩沁（見圖三 a）亦有發現。次生痕為次生變化（除沁色，即顏色之改變外）之總稱，包括所有因受掩埋環境影響而在玉器上受再晶作用（次生晶）、風化作用（石英斑、蟻斑、牛毛紋；見圖三 b）及侵蝕作用（蝕痕、皮殼）所造成之現象。其中侵蝕作用之蝕痕泛指一般出土古玉常見之蛀孔、蝕洞、裂痕等現象（見圖三 c）。上述兩種現象之出現均代表該玉器在製作完工後曾經遭受到一段時間之入土掩埋，爾後再出土問世。在此掩埋過程中，則產生了附加在玉器上之各種次生變化。因此依據這些次生變化現象之存在，吾人可以推論此玉器為有歷史之古物，亦即所謂之「古玉」。玉質之鑑定加上次生變化現象之存在，可以用來判定一件玉器是否為古玉。至於該玉器製造之年代，即斷代定年的工作則須仰賴吾人對各文化期出土玉器的刀工、紋飾及型制之認識才能進行。由於目前這方面的資料不盡完備，無法提供我們對古玉之斷代作正確無誤的根據，在此鑑定報告書中只能根據刀工和部份之紋飾及型制特徵（見圖三 d）來推論各玉器之可能製作朝代以供參考。至於其真正製作年代，還需等待完整的考古資料及新而可靠的定年方法問世之後才能判定之。

三、綜合報告各玉器均經上述各種方法鑑定，所得之結果示於表一內。
　　依據拉曼光譜之研究，所有之器物均屬閃玉。大部份之玉器，均呈
　　現明顯的次生變化現象，而具有古玉的特徵。各玉器之可能製作朝
　　代則由其刀工、紋飾及型制推斷。除了少數明清玉器外，各玉器均
　　有沁色、蝕痕及皮殼現象。玉器之編號則與其可能之製作朝代有相
　　關性，編號越大者其製作朝代越新（見附件二）。

圖一、閃玉之拉曼光譜，150~1500cm-1 代表其低頻部份拉曼譜。

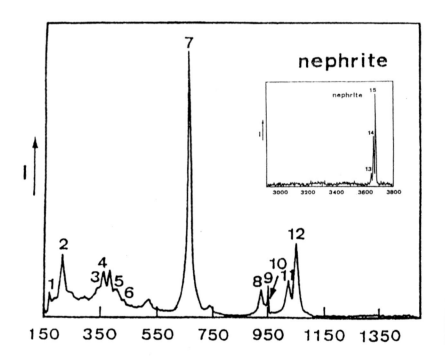

	nephrite
1	175（5）
2	219（17）
3	345（5）
4	366（12）
5	408（5）
6	431（4）
7	670（100）
8	927（9）
9	943（3）
10	952（12）
11	1025（12）
12	1055（27）
13	3644
14	3661
15	3675

圖二、以拉曼光譜儀測定之玉器結果，大部份的玉器均顯示如上圖之拉曼訊
號，某些次生變化較嚴重者則訊號較弱但仍可辨識其玉質為閃玉。

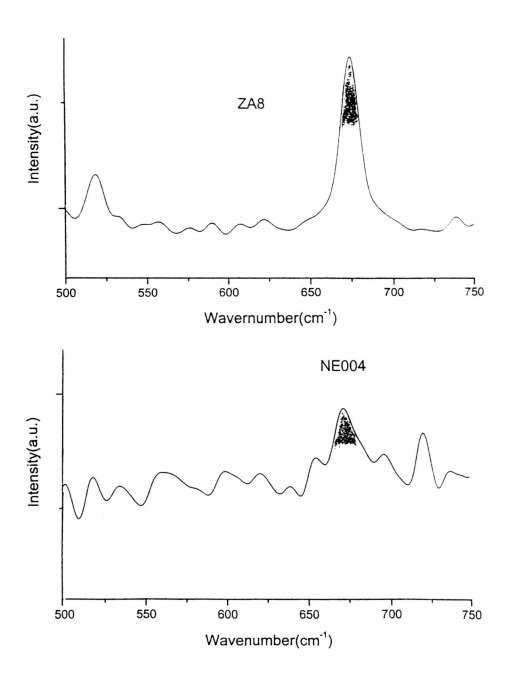

編號	古物名稱		黑	紅	黃	灰	綠	白化	褐	彩	牛毛紋	石英斑	蟻斑	次生晶	蝕痕	皮殼	紋飾、型制	朝代
1-8-001	周朝饕面紋玉帚	閃玉			◎					◎				◎	◎	◎	雷紋、突戟鳥型紋	周
1-15-011	商朝玉人頭	閃玉			◎				◎	◎	亂紋、大晶體			◎	◎	◎	凸眼	商
	戰國雙螭雞心珮	閃玉					◎			◎				◎	◎		油絲細殼,砣,底平	戰國
6180	三螭蒲紋璧	閃玉	◎				◎	◎							◎	◎	蒲紋,輔助殼紋	漢朝
-8-015	辟邪獸	閃玉		◎										◎	◎	◎	矛刺,扭繩紋	東漢
A29	握豬	閃玉		◎				◎						◎	◎	◎	斜坡刀,漢八刀	西漢
1-9-022	雲紋玉琮（名器）	閃玉					◎	◎						◎	◎		細雲紋,滿雲紋	戰國
5105	獸面紋珮	閃玉							◎					◎	◎	◎	對稱雕,動物眼,鼻子用雲	商
3072	玉跪人	閃玉							◎					◎	◎	◎	琢痕,名器	戰國
5089	戴飾	閃玉						◎									饕餮（戰國晚）	戰國
5187	雞心珮（雙螭）	閃玉	◎				◎							◎	◎		雞心珮 漢朝	西漢
6819	鳥形珮	閃玉	◎								◎		◎	◎	◎	◎	減地浮,斜坡刀	漢
5159	饕餮紋玉鐲	閃玉	◎											◎	◎	◎	饕餮紋,斜坡刀	戰國
1-12-031	玉珠串2047.2044	閃玉		◎					◎					◎	◎	◎	不規則圖	商
5099	蟬	閃玉									◎		◎	◎	◎			唐朝
6116	棗圓玉勒	閃玉	◎				◎			◎				◎	◎		類似形制	周
8059	玉羊	閃玉	擴散暈					◎					◎	◎	◎	◎		宋
5215	玉豬	閃玉				◎								◎	◎	◎	殼紋	戰國
1046	獸面紋璜	閃玉							◎					◎	◎	◎		良渚
8133	龜形玉珮	閃玉	◎								◎			◎	◎	◎	工法淺	

朝代	年代	代號
紅山文化	西元前 4000 ～ 西元前 2000	A 或 0
良渚文化	西元前 3500 ～ 西元前 2000	B 或 1
商朝	西元前 1751 ～ 西元前 1111	C 或 2
西周	西元前 1111 ～ 西元前 770	D 或 3
春秋	西元前 770 ～ 西元前 403	E 或 4
戰國	西元前 403 ～ 西元前 221	F 或 5
漢朝	西元前 202 ～ 西元前 220	G 或 6
六朝、隋、唐朝	西元前 220 ～ 西元 907	H 或 7
宋、元朝	西元 960 ～ 西元 1368	I 或 8
明、清朝	西元 1368 ～ 西元 1912	J 或 9

經鑑定的玉器之相關年代大抵可依其編號（代號）排列如上

通　譯　結　文

今到庭為八十七年度訴字第1245號一案，

鑑定人　本所知，必為公正誠實之鑑定，

謹

通譯　當公正誠實之譯述，　　此結。

鑑定人　黃怡禎 [印章：黃怡禎印]

通譯

中　華　民　國　九十　年　十二　月　二十四　日

意旨具結，而為虛偽之陳述者，處七年以下有期徒刑。」

注　刑法第一百六十八條規定：「於執行審判職務之公署審判時，或於檢察官偵查時，證人、鑑定人、通譯於案情有重要關係之事項，供前或供後

漢　玉具劍之螭龍紋玉劍標 圖23

高 6.3 cm × 寬 5.6 cm × 厚 2 cm

文物賞析重點提示：
本器為漢代玉具劍之劍標（又稱劍珌），全器受風化溶蝕嚴
重，白化處呈褐紅沁，各種次生現象明顯，沁成斑斕狀，
部份似受銅銹沁，與前之劍首、劍鐔、劍璏合為完整玉具
劍，為十分珍貴漢代皇室玉器。

藏品來源：
溫州府鹽知事、浙江省參議員 陳益軒先生
1915 年購於北平琉璃廠
大觀齋古玩鋪　趙佩齋掌櫃

2-9
審判終結、撤回起訴

2002 年 2 月 25 日台北地方法院劉台安審判長進行「凡真」乙案之言詞辯論庭，在提示中央研究院黃怡禎博士之鑑定報告書後，公訴檢察官劉承武當庭提出「撤回起訴書」終結本案。現將該撤回起訴書內容全文載列如后：

臺灣臺北地方法院檢察署檢察官撤回起訴書

唐股

九十一年度公訴菡庭字第四八三號

九十一年度撤聲字第三十號

被　　告　陳○○

選任辯護人　劉永良律師

　　　　　　劉陽明律師

　　　　　　謝政達律師

右被告因常業詐欺案件前經臺灣板橋地方法院檢察署檢察官以八十七年度偵字第五五五八號起訴書提起公訴，茲認為應該撤回，敘述理由如左：

一、公訴意旨略以：被告陳○○在偶然之情形下得知目前國內古玉市場十分紊亂，即思加以利用，並積極自修古玉之相關知識，俾便以所知之古玉知識，作為詐騙不知情他人之手段。被告為遂其大規模詐騙他人之目的，自八十四年十月間起，即於臺北縣蘆洲市民權路○○○巷○○號○樓成立凡真○○有限公司（下稱凡真公司），其為打響知名度並取信他人，便與不知情之慈善基金會等公益團體合作，由其提供玉器（佯稱為古玉）予各該慈善團體義賣作為籌募善款之用，俟其確立知名度後，自八十五年六月間起，便以「中國歷代寶玉大展」名義在臺北市環亞、來來等百貨公司舉辦全國性巡迴展覽，被告明知其所有之玉器均係自臺北市光華商場等地從低價買得之劣質玉器，竟基於意圖為自己不法所有之

145

常業詐欺犯意，在上述會場中公開販售其於臺北市光華商場等地從低價買得之劣質玉器，其在會場中為吸引買氣，即以古玉專家「陳老師」名義自居，除對外講授古玉之知識外，且詭稱：伊有氣功，可以用發功之方式將古玉中之濁氣逼出還原古玉之品相云云，若有顧客懷疑伊所販賣玉器年代之真實性時，其即以由凡真公司開立保證書保證玉器年代之方式，使鄭○○等不知情之十二名客人陷於錯誤，誤信被告所販賣之玉器均係保證書所載中國古代商、周、兩漢等朝代之古物，而以客觀上顯不相當之價格買受，迨鄭○○等不知情之十二名客人買回被告所售之玉器，經把玩後逐漸褪色喪失原有之光澤，鄭○○等不知情之十二名客人始知受騙，並即向法務部調查局台北市調處檢舉，嗣於八十七年三月十三日，經調查員報請檢察官指揮搜索臺北市環亞百貨公司凡真公司之展示中心及凡真公司位於臺北縣蘆洲市民權路○○○巷○○號○樓之住處，扣得玉器後，始瓦解被告以不實證明書詐騙他人購買玉器之犯行。因認被告涉犯刑法第三百四十條之罪嫌。

二、訊據被告陳○○固坦承上述玉器因來源不明且無出土證明，復無我國海關通關證明，又無法供出販售之人可能係走私來臺等事實，惟堅決否認有詐欺犯行，辯稱：伊所販賣之玉均係伊精心收藏之古玉，且經伊依據中國古玉鑑等文獻慎重斷定朝代、年代，始開具保證書予顧客，伊並無詐欺被害人等語。經查，經臺灣臺北地方法院將扣案之玉器由中央研究院副研究員黃怡禎博士鑑定是否確為玉器？是否為古玉？若係古玉係何朝代之古玉？經鑑定結果認：「鑑定之玉器總計一百八十七件，鑑定項目包括玉質及次生變化，紋飾型制及刀工等。一、在測定拉曼光譜，所有玉器在經比對之後，其玉質均與閃玉之特徵符合，即有一明顯之拉曼峰，可藉此特徵峰之存在辨認其屬閃玉。二、以高倍實體顯微鏡鑑定項目包括沁色、次生痕及刀工，大多數之古玉均可根據此三項特徵判斷之。沁色不論其成因，均以其顏色表示之，在這批玉器中最常見到的沁色為紅、黑、黃及褐色，其他顏色如白、綠、灰及混雜之彩沁亦有發現。次生痕為次生變化之總稱，包括所有因受掩埋環境而在玉器上受再結晶作用（次生晶）、風化作用（石英斑、蟻斑、

牛毛紋）及侵蝕作用（蝕痕、皮殼）所造成之現象」「各玉器均經上
述各種方法鑑定，依據拉曼光譜之研究，所有之器物均屬閃玉。大部
分之玉器，均呈現明顯的次生變化現象，而具有古玉的特徵，各玉器
之可能製作朝代則由其刀工、紋飾及型制推斷，除了少數明清玉器外，
各玉器均有沁色、蝕痕及皮殼現象」等情，有鑑定報告書及履勘筆錄
在卷足憑。並經黃怡禎於審理中結證明確，至於故宮博物院及歷史博
物館之鑑定方法未以上述測定拉曼光譜及高倍實體顯微鏡之科學方法
予以鑑定，復未說明鑑定之科學方法及鑑定人為何，遽認扣案玉器非
屬文物資產保存法之古物，尚難採為對被告不利之確切證據。

加之，購買被告銷售上述玉器之被害人鄭〇〇、辛〇〇、宋〇〇、游
〇〇、陳〇〇、蔡〇〇、李〇〇、王〇〇、陸〇〇、賴〇〇、楊〇〇、
於審理中均結證稱：購買現場有儀器及由大的電視上放出來可以把色
澤、紋路看得很清楚，伊係看被告所販售之玉質、形狀而購買上述玉
器，若送科學鑑定是真的，伊認為值得購買，當時因喜歡而購買等情，
況前揭被害人均表示未對被告提出告訴。綜上各情，上述被告銷售之
玉器確係古玉，應信而有徵，從而自難認被告有詐欺取財之意圖，又
無確切證據足資證明被告確有詐欺上述被害人之犯行，應認被告等犯
罪嫌疑不足。認有刑事訴訟法第二百五十二條第十款應不起訴之情形，
特依刑事訴訟法第二百六十九條撤回起訴。

此致
臺灣臺北地方法院

中華民國九十一年二月二十五日

檢察官　劉承武

右正本證明與原本無異
不得再議

中華民國九十一年四月三日

書記官　官浴沂

147

　　在本案公訴檢察官「撤回起訴書」中，劉承武檢察官特別在理由第二條中指出：「故宮博物院及歷史博物館之鑑定方法未以上述測定拉曼光譜及高倍實體顯微鏡之科學方法予以鑑定，復未說明鑑定之科學方法及鑑定人為何，遽認扣案玉器非屬文化資產保存法之古物，尚難採為對被告不利之確切証據。」劉承武檢察官寫的很保守。事實，就在指出台北故宮 4 位專家、臺北史博館 3 位專家鑑定古玉之方法根本不科學，也無理論根據。其鑑定結果自然不被司法所採信。

　　很多人都會問道，為什麼劉承武檢察官在法庭言詞辯論終結前，要提出撤回本案之起訴，而不像一般起訴案件由法官直接判決被告無罪後結案即可。

　　熟知我國刑事訴訟法規定者，一定瞭解一件刑事案如係依鑑定人之鑑定結果起訴，後經法院審理中確認鑑定人之鑑定是錯誤的時候，則鑑定人應負偽証之刑事處分。「凡真」乙案之鑑定單位台北故宮、史博館均為政府機構，一旦此案判決無罪確定，上述二館之鑑定人員都將負偽証責任，而這些鑑定人如史博館之黃永川等又都為法律上明定之公務人員；「凡真」公司即可依「國家賠償法」提起國家賠償。劉承武檢察官此項撤回起訴之司法技巧，可謂司法程序高招。除可使台北故宮、史博館鑑定人員免受偽証罪之追訴外，也為國家避免一場高額賠償。這些外行充內行的鑑定人、專家可謂家中燒了一柱好香。看到此書後真應該前往台北地方法院跪謝劉承武檢察官，當時為彼等消災解禍。同時這些鑑定人亦應一如黃永川副館長在其典藏雜誌文中所稱：「今後必然使多數台北故宮、史博館優秀同仁蒙羞」，而感到羞愧。

宋　回頭白玉牛擺件 圖24

高 6 cm × 長 12 cm × 厚 6 cm

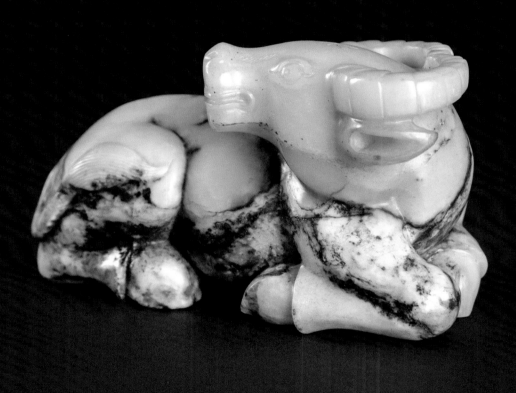

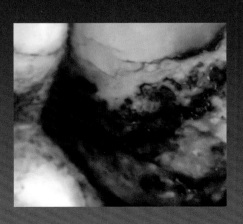

文物賞析重點提示：

宋代動物圓雕常做回首狀，本器係以和闐籽料白玉碾琢而成，
全器獸身比例適中，部份器身受風化呈白化現象（俗稱鈣化），
顯微放大下風化嚴重溶蝕處呈褐紅蝕斑，部份呈「宋玉紅」沁
色。為宋代動物圓雕中之精品。

藏品來源：

陳拾璜醫師
1946 ～ 1949 年間購於上海江西路北口路東
藝林古玩店　羅伯恭掌櫃

149

2-10
真偽真相、大白於世

　　「凡真」乙案由 1998 年 3 月 13 日台北市調處在環亞百貨查扣古玉，至 2002 年 2 月 25 日劉承武檢察官撤回起訴，前後歷經四年。在本案中，筆者與涉案「凡真」負責人耗盡心力，總算水落石出，真相大白。更重要的，今後再有任何古玉鑑定爭議案件，均可循本案鑑定之方法釐清真相，這也是本案對古玉界一件小小功勞。

　　「凡真」乙案，在司法檢察單位有二份處分書，一份是台灣板橋地方法院檢察署檢察官之「起訴書」，另一份則是台灣台北地方法院檢察署劉承武檢察官之「撤回起訴書」。這二份處分書讓民眾看到，同樣的事件、人證、物證，卻因鑑定「標的」之結論不同，有了截然不同的結果。但這並不是筆者要討論的重點，因為有關司法處分解釋的問題，還有待司法專家去討論；筆者要提的是本案所謂「被害人」（即購買「凡真」玉器之消費者）之訴訟人格，在二份公文書中竟然有完全不同的解讀。

　　在第一份「起訴書」中檢察官指稱：「被害人鄭○○等不知情之客人買回陳○○所售予之玉器，經把玩後逐漸褪色喪失原有之光澤，被害人鄭○○等人始知受騙並向法務部調查局台北市調處檢舉」。然在第二份檢察官「撤回起訴書」中卻載明：「購買被告銷售上述玉器之被害人鄭○○、辛○○、宋○○、游○○、陳○○、蔡○○、李○○、王○○、陸○○、賴○○、楊○○，於審理中均結證稱；……未對被告提出告訴。」本案事後知悉上述所謂被害人等在刑事庭結證時，除強調並未向「凡真」提出刑事告訴外，亦均證稱從未向台北市調處檢舉。彼等與本案之關係均係是在台北市調處查扣「凡真」玉器案後，台北市調處之調查員依查扣「凡真」之客戶名單，分別以電話聯繫他們要求約談，並要彼等在筆錄上簽字。台北市調處此種先設定犯罪前提下，再羅織非事實事證，及誘導消費者簽字成為被害人之司法刑事辦案方式，可說完全違反司法公正程序。調查局辦案人員會如此辦案，不竟令人感到本案詭異之處。

　　因此，原先「凡真」在各大百貨公司展售時，即風聞古玉界有人將修理「凡真」之消息，似乎並非空穴來風，而其中之幕後黑手也隱然可見。「凡真」乙案由上述事證中可知自始即無刑案中不可或缺之「被害人」，事後又確認無消費者檢舉，那麼調查局台北市調處到底受何人指揮啟動辦案？而由鑑定人黃永川在典藏雜誌所刊出之「駁斥與聲明」乙文中，又載明：「係接受教育部指示對市調處申請代鑑凡真該批古玉」，顯示本案台北市調處偵辦本案時，係有長久且延密之佈局，而非一時草率之決定。

　　另在本案所有司法文件中，均未載明台北故宮派出「四位玉器專家」參與「凡真」乙案之鑑定，然黃永川竟然知曉。可見鑑定人之間似互有聯繫、勾串，再佐以事後台北地方法院刑事庭進行查扣玉器鑑定時，劉永良律師發現原經台北市調處查封之封條，均未啟封。而台北故宮四位專家，究竟如何在未啟封下進行查扣玉器之鑑定，並將「凡真」查扣玉器逕之定為「仿古玉」，如今想來，著實充滿詭譎，令人玩味。

良渚文化　神獸紋玉琮 圖25

高 23 cm × 寬 6.1 cm × 內徑 4.6 cm

文物賞析重點提示：

本器係良渚文化玉琮，顯微放大下器身白化呈蜘蛛網狀，為蛇紋石白化特殊鑑別現象。本器風化嚴重，白化處佈滿小蛀孔，使玉器重量明顯為輕，是「低比重」百分之百古玉。本器與「良渚文化　神人騎獸紋玉枕」，均為民初時溫州建商周成發先生承包土木工程挖掘所得，由陳益軒先生購藏。

藏品來源：

溫州府鹽知事、浙江省參議員 陳益軒先生
1922 年間購於溫州五馬街打鐵巷 3 號
水木石公所　周成發先生

152

2-11
古玉辨識、有小訣竅

　　古玉真偽鑑定，自古以來紛爭甚多，對一些初學者，更是感到困惑。原因，第一未實際「上手」出土玉器（古玉界稱鑑賞者將玉器拿在手上，以放大鏡等輔助工具仔細觀察玉器表面之各種風化現象、碾工、紋飾、形制，稱為上手），第二無老師願意真心傾囊相授。所以，如果只是參考坊間各類玉器書籍中所敘述之鑑定方法，看似有理，但卻始終摸不著頭緒，猶如「瞎子摸象」，更直接說就是「紙上談兵」，無「實務經驗」。

　　而一些所謂鑑定書中，對玉器鑑定所下的一些「形容詞」（諸如有些人稱真古玉之螭龍轉折有力，而所謂假古玉之螭龍軟弱無力，可是筆者怎麼看也看不出二者有此差異，而這些虛幻的形容詞，對初學者只是更增加困擾），也引發了鑑定的不確定感。因此，對一件玉器，究竟是「真」、還是「假」就有的爭了。當然，這時掛有頭銜的人，自然就以「他」或「她」說的算，但看過本書之後，讀者不必再去依賴這些所謂有身份、頭銜的人，如「她」或「他」要鑑定，請他們依「凡真」乙案中黃怡禎博士一樣，提出其鑑定方法之科學論證，否則，叫「她」或「他」閉嘴。

　　不過，也有許多人會說，也因為「真」、「假」似乎模模糊糊，所以一到假日台北玉市即擠滿人潮，想從玉市中找「寶」，挖到「便宜貨」，這儼然是初學者之樂趣。不過，在此，筆者必須說，現在想在台北玉市中找到好東西（指的是真古玉），機會還真不多。

　　筆者有幸，大陸撤退來台時，由家叔自溫州雇漁船，將外祖父陳益軒與母親陳拾璜由上海、北京近百年收藏之古玉器陸佰餘件，全數運至台灣。在有實物為佐證，再加以父母親將學自上海、北京古董店掌櫃鑑別古玉之小訣竅（台灣人稱小撇步），傾囊教導。而筆者在事業有成後，並自費前往中國大陸，向劉東瑞老師、史希光老師、張壽山老師、李久芳等老師們請益，也參加台大地質學系所舉辦攸關古代出土玉器地質學科學論證之研討會。在綜合各項方法、實務反覆比對後，筆者深覺要辨別一件「玉器」究竟是「真」、還是「假」，其實並非難事，亦非大學問，只是方法、程序、技巧之正確與否而已。

　　現筆者就自己鑑定玉器真偽之小訣竅（小方法），簡單分述如后（詳細鑑定理論與方法，尚請參閱拙著「中國古玉鑑定秘笈」乙書）。以供讀者參考：

一、如何擅用放大鏡做為辨識真偽玉器之基本工具：

　　辨識古玉真偽，至少要準備一具帶有燈光功能之放大鏡。原則上，此放大鏡之倍數以 15 倍為佳。其鏡頭要保持清晰、燈光亮度要夠，此為採用放大鏡時之基本條件。至於放大鏡之廠牌，筆者自己慣用 Scan 牌，便宜、效果亦不差。另現在有一種 LED 白燈光之國內製 15 倍放大鏡，雖然價格更便宜，但鏡面、燈光在觀察玉器之表面風化現象時不如前者清晰。

　　或許，讀者看到這裡，不竟會問筆者，在「凡真」乙案中，鑑定人黃怡禎博士等是採用「高倍數顯微鏡」來檢測古玉表面現象，而筆者在此卻以 15 倍放大鏡來做為辨別古玉之初步工具，會不會太過簡陋與草率。

　　其實不然，由於「凡真」乙案，先後有「國立歷史博物館」、「台北故宮」前後共計 7 名之所謂古玉鑑定專家進行過鑑定，且均稱涉案查扣之玉器為「仿古玉」。因此，為了取信對玉器鑑定本是門外漢的法官、檢察官們，檢測時自然需採用「高倍數顯微鏡」並以連線方式，將此顯微放大之影像以數位投影方式投至大螢幕上，讓所有參與人均能在黃怡禎博士指引下，清楚看到玉器表面之各種風化現象、沁色、次生生長及解玉砂留下之痕跡。因此如單以 15 倍放大鏡，如何能昭公信。

　　同樣的，以「拉曼光譜儀」來檢測「凡真」乙案之玉器，究竟是否為閃玉（又稱真玉），如單以目視，自然無法取信對玉之外行人。採此光譜儀檢測一翻兩瞪眼，誰都無法推翻此科學數據。而筆者也相信如係玉器內行人，單以肉眼即能分辨出和闐玉與一般閃玉之不同。否則，古玉界的同行們如何「鬥玉」（中國大陸玉器界將幾塊和闐白玉放在一塊，互相比較玉石之潤度、光澤、白脂細密，選出最優者。俗稱為鬥玉）。

所以，筆者認為一般愛玉的朋友，如能掌握好使用放大鏡的技巧，以放大鏡上手辨別玉器真偽，基本上，已是足夠了。

二、如何使用放大鏡才能充分觀察到玉器表面之各種現象：

常看一些自稱為鑑定專家者，當他們一拿起放大鏡，並以放大鏡就之靠近玉器進行鑑賞時，筆著常懷疑他們究竟能看到什麼？講句實話，以這種方法使用放大鏡看玉器，充其量只是將要看的物品放大而已（就如同一些老年人拿放大鏡看書、看報紙的情形是一樣的）。事實這樣的使用放大鏡是無法「真正」看到玉器表面包括細微之次生生長變化、沁色、紋飾中之碾工等現象。為什麼筆者能如此確定，因為使用 15 倍放大鏡，要觀察出玉器之細微表面現象，是需要用到一些手法，方能充分辨識玉器之真偽：

❶ 玉器表面紋飾各角落隙縫中，碾玉者使用砣具及解玉砂琢磨成器過程中，都會在玉器表面其紋飾之死角上留下解玉砂一絲絲的痕跡；部分高古玉器經風化後甚至產生所謂之「紋溝風化現象」（指玉器表面細紋因表面毛細物理作用及表面張力作用，經千百年之後，造成古玉上下紋溝相當均勻之風化，部份紋溝甚至有細微變白或褐紅色之情形，地質學家指出，這種風化現象是無法以人工仿製）。

　　因此，如鑑定人在使用 15 倍放大鏡時係以「鏡」就「器」，依筆者經驗常常無法清楚看到上述古玉器之各種風化現象及碾工在紋飾死角上所留下之解玉砂痕跡。因此正確使用 15 倍放大鏡自然成為鑑定古玉時之首要功課。

　　正確使用 15 倍放大鏡方法（也可說是手法）係以右手拿起（如擅用左手者則以左手循序進行），將右手大拇指手背自然的遮著右眼同時以大拇指打開燈光，放大鏡鏡頭則置於左眼前。此時，再以左手上手玉器，調整玉器與放大鏡之遠近、角度（此原理如同照相機調整與

要拍攝物品之遠近焦距、角度之理論是相同的），鑑賞者這時想看什麼，只要左手調整方位就能看到玉器紋飾各個隙縫處之表面現象。嚴格說，這是初學者辨識古玉器，必需要會使用工具之第一步功課。

❷ 觀察玉器次生生長變化之沁色：

　　早年在上海、北京古董店掌櫃鑑定玉器時，根據筆者父親告知，常以玉器表面有「雲母」現象即視為古玉器（地質學家稱此種雲母現象為透閃石晶面暴露）。鑑定人以放大鏡燈光照射古玉器表面時，部分晶面暴露之地方會呈現晶面亮光，而在放大鏡下部份呈菊花狀次生或放射狀次生現象。地質學家將此古玉風化後所形成之各種次生變化，因無法以人工仿製，而將之做為鑑定古玉時之重要辨識標的。上述這些所謂次生生長變化，在 15 倍放大鏡下，如採 75 度至 90 度角觀察，部份均有凸出玉器表面之現象，而這正是玉器老行家們口中所說：「沁色微微凸出於玉器紋飾表面」之實際情形。

❸ 玉器受外物入浸所造成之沁色：

　　玉器埋於地底，經風化並受環境影響，如鐵器形成鐵鏽沁，紅土造成土沁，銅器造成銅綠沁，都是由外向內對玉器造成之沁色，非玉器本身礦物元素質變者。如大家熟知之牛毛紋沁等，他們在 15 倍放大鏡以 75 角度觀察，部份浸蝕深著則呈凹陷現象。老行家稱「古玉之沁色微微凹陷」，指的就是此種沁色。

　　所以，過去玉器界常說，有凸的沁色、凹的沁色，雲母等不說之古玉鑑定秘密，說破了，就是如此簡單。

　　古玉界有些所謂專家，以古玉如會褪色就是仿古玉。基本上這種邏輯並不完全正確，因為如果古玉之沁色是屬外來入浸者，同時，玉器硬度因風化呈白化而表面硬度變低，或受沁程度僅為玉器表面淺處。

在台灣亞熱帶炎熱地區，讀者如隨身配戴會因佩戴人身上含酸鹼度汗水的浸沁，讓沁色慢慢褪去。所以，以會不會退色來分辨古玉是否真、假，基本上是不正確的。

三、符合各項古玉器表面現象者，可視為古玉器：

如一件玉器，經過上述以放大鏡觀察，符合表面具有次生生長變化、風化皺摺（俗稱皮殼），再加以紋溝中有砣具解玉砂留下之細絲痕，基本上，這件玉器將之認定為古文物已無庸置疑。至於究竟是屬於何年代之文物，則筆者認為這應是考古學家如何依出土文物之形制、紋飾加以區分考證之功課，筆者在此不敢贅述。當然，有興趣想精準斷代的愛好者，也可試將出土各類文物之紋飾、形制輸入電腦彙整成資料庫，只要玉器初步鑑定為非近代仿品，則均可藉此資料庫比對、確認紋飾、形制、再加以釐定年代。

筆者始終認為典藏文物之國家單位，諸如「國立歷史博物館」、「台北故宮博物院」，可以買到斷代不正確之古玉，但卻不可買到近代之仿古玉。本書出後，希望「台北故宮」能邀約古玉界各界代表，並將近年所購藏玉器全數依「凡真」乙案規格送交相關公正檢測單位，在各界代表監督下進行「拉曼光譜儀」及「高倍數顯微鏡」檢測，以釐清「台北故宮」購藏玉器之真偽。

拙著「中國古玉鑑定秘笈」乙書，詳細敘述中國古玉器沁色之形成，與各項鑑定內容之原由，再佐以實物照片，提供讀者比對、參考，相信定能使讀者更易理解古玉鑑定之真諦。

戰國　雲紋玉俑 圖26

高 12.5 cm × 寬 5 cm × 厚 3 cm

文物賞析重點提示：

本器器身受風化，鐵銹褐紅沁遍佈全器，部份風化溶蝕嚴
重處呈蝕斑，深入器表。漢前玉人（或玉俑），其高均在 6
公分左右，本器高達 12.5cm，雲紋碾工極為精湛，且能穩
穩站立，實屬罕見。

藏品來源：

陳拾璜醫師
1946 ～ 1948 年間購於上海
愚園路公寓　仇焱之先生

158

2-12
古玉盤玩、吐灰明亮

中國古玉除少數「傳世古」（古玉界稱玉器成器後，未埋入土中，或在世間人與人相傳之古玉，名之為傳世古），都是由歷代君王、先人墓中所挖掘出來。由於長久埋於地裡，受到地底環境影響，剛出土之古玉，表面往往有一層灰土。因此看起來感覺沒有玉器之光澤，也無玉石應有之明亮外觀；然歐美國家之收藏家認為保持這樣原貌，才是正確的文物收藏方式。

中國的收藏家則不作這種想法，自明、清以來，好玉者如一旦得到一塊古玉，總會不時拿在手上把玩，甚至以各種方法來使古玉表面之「土灰」漸漸褪去，最終，能將最美、最艷麗的色彩（沁色）呈現出來。這種愛玉者採用以棉布、稻穀灰、馬鬃刷來盤刷古玉，古玉界稱之為「盤玉」。

由於古玉表面往往附著有各種次生及礦物質變現象，因此，切忌以質地太堅硬之工具盤玩古玉。以筆者家族近百年來，均是採用刷毛大衣之馬鬃所作毛刷來盤玉，效果十分良好，也不會傷到古玉器表面之各種風化次生現象。

筆者依稀記得年幼時，父親常在夜深人靜時，由檜木箱中小心取出外祖父與母親收藏之古玉，除與母親相互針對部分木盒中題字研討對古玉之見解、看法外，並分析古玉之可能製作年代；如今回想，仍令筆者思念不已。

父親喜歡以馬鬃刷來輕盤（刷）帶有土灰之古玉，筆者但見部份古玉經父親盤玩多時，其表面土灰漸漸褪去，顯露出明亮之玉質（此時古玉之沁色也露出艷麗色彩），溫潤的包漿，亮麗的色彩讓人看了又看，愛不釋手。或許，這正是中國人自古以來，喜愛古玉原因之一。

然而，這些一時已呈現溫潤亮麗的古玉，如歷經一段長時間未再拿出來盤玩，久而久之，再拿出時其表面往往又佈上一層白色土灰。因此一件古玉大約需經多次、多年之反覆盤玩，方可能不再吐灰。

父母收藏中有一件「周　龍紋玉勒」，雖經家父及筆者多次反覆盤玩，但如放置一段時間後，其表面仍會吐出一層厚厚的土灰，猶如一層「霜」般。父

親告知筆者此古玉不宜近身，更不可佩戴，因其「陰氣」太重；筆者不信，以絲繩穿繫，帶於胸前，不到一星期全身疼痛不已，趕緊取下，約一日後，疼痛不再。事後想想老人言還真不可不聽。

「盤玉」中有所謂「意盤」，大都係指收藏者將古玉置於手中，或掛於身上，以意念方式，將土灰漸漸褪去。此乃古玉接受了人體之精氣，就筆者父母而言，並不贊成此種方式。父母親總認為，如此對盤玉者身體並不好，尤其是像收藏中之「周　龍紋玉勒」即屬此類，收藏者仍應注意。

筆者父母親在抗戰勝利後，即由溫州轉往上海發展，父親經商擔任「英吉貿易行」董事，母親則隨上海名醫徐小圃行醫。假日時因地利之便，常至江西路北口路東之「藝林古玩店」喝茶看古董，掌櫃羅伯恭待人和藹可親，知道父母親喜愛收藏古玉，遇有新到之古玉，總會通知筆者父母親前去評賞。也因為如此，父母親在此時段中收藏了不少唐、宋時期之精美古玉。交往久了，羅掌櫃告知筆者父母親該店幕後出資老闆為民初大收藏家梁培先生，令父母親更加信任。

抗戰勝利，國民政府貪污腐敗、民生凋零，許多人為了家計紛紛將家中收藏品拿出變賣，價格亦不高。筆者父母親常說，文物收藏，尤以玉器還真講緣份，可積極，卻不可強求。父母親收藏品中之「宋　白玉淨瓶觀音」、「唐　五天神玉擺件」、「唐　自在玉觀音擺件」、「唐　馬上封猴玉擺件」、「唐　黃玉背光 18 羅漢佛祖像」、「東周　龍鳳紋白玉蓋瓶」、「宋　白玉馬」、「宋　白玉牛」、「宋　荷蓮玉筆洗」、「唐　玉獅戲球擺件」、「戰國　雲紋玉勒七件」、「周　龍鳳鷹鈕轉心玉蓋瓶」…等之精美古玉，都購自於「藝林古玩店」，母親直到台灣，還經常唸著當時買的真是便宜又好，撿到好貨。

父親貿易行外籍同事約翰先生，喜愛中國古董，尤以瓷器、書畫，與當時住在愚園路公寓之仇焱之常有往來，得知父親與母親，熱衷於玉器收藏，遇仇先生有新進玉器時，均會在假日時，邀同父親或父母親前往，在父母親收藏品

中之「漢　剛卯」、「戰國　雲紋玉俑」、「三星堆文化　玉人頭」、「宋回頭黃玉馬」、「漢　鏤雕龍飛鳳舞玉佩」、「商　素玉圭」、「西周　玉圭」、「龍山文化　玉圭」、「漢　鈎連雲紋玉蓋杯」、「西漢　螭紋玉蓋碗」、「漢　彩沁白玉狗小擺件」、「漢　辟邪獸」二小件……等之古玉器，都是在此時段中，向仇先生所購。

筆者父母親為人處事極為保守，總認為「財不露白」、更懼怕「懷璧其罪」，因此，父親在其有生之年，從不對外出示家族收藏之古玉，當然更不會炫耀於人。所以家中除至親之人，鮮有外人知道筆者家族之收藏。

然筆者總認為，古玉係乃中華文化重要之精髓，部份家族收藏之玉器更是兩岸故宮、博物館均未見之各朝代宮廷精品，如讓其永不見天地，只供自家人賞玩，似乎不符「獨樂樂不如眾樂樂」之雅趣。鑑此，本次藉此書之出刊，將部份家族百年收藏古玉隨書刊出，一方面做為鑑別古玉之教材，一方面供愛玉者賞析。

清乾隆　佛光普照佛祖像獅鈕雙環羊脂白玉瓶 圖27

高 26.4 cm × 寬 10 cm × 厚 4 cm

古玉浮沉記
Ancient jade ups and downs in memories

文物賞析重點提示：
本器以和闐羊脂白玉碾琢而成，瓶身正面淺浮雕佛祖像，背面琢
有「佛光普照」四字，碾工精巧，玉質溫潤，全器無一瑕疵，為
清中期乾隆工極佳之羊脂白玉瓶擺件。

藏品來源：
溫州府鹽知事、浙江省參議員　陳益軒先生
1922 年間購於北平琉璃廠
銘珍齋　韓敬齋經理

2-13
古代工藝、令人驚嘆

　　隨著一些精美古文物出土，讓人們對於古代各項器物之製作過程，充滿了好奇。其中自然也包括了玉器之碾磨。早期在學術上有一派人士，認為古代之中國，由於文明落後，不論碾玉之工具，以及器物之應用，都遠遠不如今日。也因此，部分所謂的專家，會說出「不美的東西往往是真的，美的東西往往不是真的」之古玉評鑑謬論，令人哭笑不得。

　　由於文明的快速成長，及美國國家機密文件之陸續解密，說明在浩瀚宇宙中確有高科技文明之外星球生物存在，已是不爭的事實；也隨著愈來愈多古代規格一致之精緻武器及精美器物之出土，不能不讓世人懷疑，是否早在遠古時期，已有外太空之生物來到地球，教導地球的人類，製作出精緻之武器與器物。

　　2002 年時，在安徽省凌家灘出土了一件 7.7 厘米高的小玉人，其背後有 1 隧孔，經過高倍顯微鏡之觀察，發現其隧孔直徑竟然不超過 0.07 毫米，現筆者將 2002 年 3 月 15 日報導此新聞之「中國捷運報」全文刊載於后，供讀者閱讀：

是失去的高度文明　還是外星人做的
「兩岸聯手考古驚見 5300 年前　鑽頭僅 0.07 毫米」

　　【中晚捷運報／記者劉碧雪台北報導】安徽省凌家灘出土的遠古玉器，放在精密顯微鏡觀察，兩岸考古學家赫然發現 5300 年前的人竟能用直徑不超過 0.07 毫米的鑽頭在玉器上鑽孔打洞。如此高科技的工藝到底是誰創造的？難道是外星人，抑或是失去的文明？

　　安徽省文物考古研究所張敬國教授透露，前不久，臺灣考古學家陳啟賢教授特地帶來一台立體顯微鏡，在 50 倍顯微鏡下，張、陳兩位教授觀察

到編號為 M29：15 的玉人（身高 7.7 厘米、肩寬 2.1 厘米、厚 0.8 厘米）背後有一隧孔，其製作工藝相當高超，即使是在高科技時代的今天，也屬「高難度動作」。

張教授表示，這個隧孔的製作類似我們今天打通隧道，是經過 7 道工序才鑽出來的。製作者先在左邊用垂直管鑽鑽一個直管孔，繼而在直管孔上略偏一點的地方鑽一個管孔，再在這個管孔上斜打一個管孔，然後用同樣的方法從右邊鑽。待兩邊的孔打好後，再在中間斜鑽一上孔，兩邊的孔就貫通了。

人民網報導，在顯微鏡下，張、陳兩位教授還清楚的看見管鑽時的玉芯至今還留在管孔內，經測量，玉芯的直徑只有 0.05 毫米。

這令張、陳兩位既震驚又激動：「管鑽玉芯的直徑是 0.05 毫米，說明當時用來鑽玉的管鑽直徑加水和琢玉砂的最大直徑不超過 0.07 毫米。誰也不敢相信 5000 多年前竟已擁有如此高超的科技工藝水準。」

此外，幾乎每一件凌家灘出土玉器都顯現了 5000 多年前的高科技水平，它們充分說明當時的切琢工具非常銳利，硬度至少在 6 度以上，同時也擁有高速旋轉的傳動機械，就像我們今天所使用的高精密度的車床等一類機械裝置。

人民網進一步報導，張教授興奮的形容：「在精密顯微鏡下，我們看到了另一個高技術的世界，即在 5300 年前，人們對玉器材料已有獨到的認識，並能用他們靈巧的雙手在不同硬度的玉材上創造出許多神話般的千古之謎，創造了我們只有在顯微鏡下才能看到的神奇技術，但是，這樣的高度文明是誰創造的呢？外星人？還是凌家灘先民？目前還是待解之謎。」

　　凌家灘出土的遠古玉器「小玉人」隧孔，說明一件事實，那就是古代之碾玉工藝，實非今日的人們，就現代的科學即能推論、理解及認定。因此，鑑定古玉仍應回歸到「以礦物風化後之各項次生變化及碾玉各項工序之軌跡」來加以鑑定方是正途；千萬勿以單一之論點或推論，即逕予論斷待鑑定之玉器，如此，方不致有誤。

　　世人在收藏古玉器時，除注重玉器玉質之優劣、雕琢之精美、以及器物之完整性外，更十分在乎玉器之製作年代。理論上，除非有極為詳細出土記錄之玉器外，大多數存世之玉器年代，都是古玉鑑定者，依照玉器之次生變化、紋飾、形制來加以釐定。

　　以筆者而言，如就收藏高古玉器，一向是抱著「寧缺勿濫」的心態及方向去購藏。因此，如高古玉器無極為明顯之礦物風化後之各項次生變化及碾玉工序軌跡完整等條件。否則，即令紋飾、形制均極為相似或吻合；原則上，筆者是不會輕易出手購藏。

　　古玉之各項次生變化，係玉器埋於地裡經過數千年歲月風化所造成，有這些次生變化之古玉，就等同有了一張出土紀錄；如此方能確保您手中收藏玉器之未來投資效益。

漢　玉辟邪獸 圖28

高 5 cm × 長 7 cm × 厚 3 cm

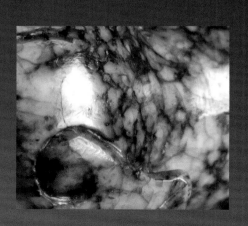

文物賞析重點提示：

本器物件不大，但碾工卻極奇精巧，辟邪以動態方式表現，在
漢前圓雕動物中實屬少見。本器風化嚴重，呈多彩褐紅沁，部
份顯微放大，似冰裂狀（俗稱冰裂紋沁），為漢代圓雕小擺件
中難得之精品。

藏品來源：

陳拾璜醫師
1946 ～ 1948 年間購於上海
愚園路公寓　仇焱之先生

167

2-14
司法結論、有助玉市

　　1998 年「凡真」古玉案、1999 年台北故宮古玉典藏案陸續傳出古玉真、偽疑議後，在古董市場確實造成震撼，再加以事後因古玉界眾說紛紜，且自始至終都無一套能令不同鑑定派別信服之「鑑定方法」，導致古玉市場始終籠罩在真、偽古玉之疑雲下，自然也影響了買賣雙方之互信。更嚴重的是收藏家根本畏懼進場購買，深怕買了有人說是假的，而不知所處。

　　中國大陸近年來，古董拍賣市場方興未艾，隨著經濟成長，有錢的人愈來愈多，自然而然的讓古董市場屢創新高記錄。但在中國玉器上，卻甚少出現明、清以前之高古玉器；原因，仍在市場上無一套足以令大家信服之科學論證參考，並可引之為據（或為證）之鑑定方法。

　　事實，中國歷代出土之古玉器，如春秋、戰國、漢、唐、宋，不論碾工、形制、玉質以及斑爛燦麗之沁色，都有令人讚賞之處，且在在都是古玉精華之所在，讓收藏者愛不釋手。因此，就收藏中國古玉之真諦，這些高古玉器之價值本應在明、清玉器之上，然卻因所謂鑑定者真、偽莫辨，以致拍賣公司甚少投入宋前古玉器之經營，原因無非怕惹糾紛。

　　由於明、清以來，仿古玉此起彼落，造假技術不斷翻新，據聞，中國大陸多位古玉鑑定專家，也紛紛中箭落馬。原因無他，就像「凡真」乙案一樣，這些專家自己並無一套完整且紮實之辨別古玉之科學方法與論證，而端賴其擁有之「頭銜」，以其主觀意識，來分辨「真」、「偽」。自然，容易為仿古者所欺。也因為連「專家」都「打眼」，拍賣公司更加不敢輕易推出宋前古玉。

　　筆者空閒之時，常到古董市場逛逛，遇有看似不錯的玉器，也會請老闆（掌櫃）拿出來用放大鏡觀察，發現甚多老闆（掌櫃）所稱之古玉器，筆者觀察竟然是現在的機器工所雕。如此連玉器之刀工都分不清之商家，著實令筆者驚訝（誠如愛玉者所知，清代以前之玉器，係採旋車（砣具）以及解玉砂，做為碾琢玉器之主要工具；因此，所碾琢出之玉器除了在紋飾及玉器表面，或多或少都會留有解玉砂之絲絲痕跡外，砣具所使用之各式工具也會在玉器紋飾中留下

砣具之痕跡，最為明顯的是在部份細小的孔壁間留有砣具螺旋紋。除此，因砣具製作時之工法特性，玉器表面之紋飾都是以斜坡之方式完成，其中尤以淺浮雕之雲紋最為明顯。早期中國大陸仿製之戰國片狀玉璜、玉璧及仿明清圓雕玉器，都有此可供辨識之新、舊碾工差異之處，讀者應仔細分辨）。而這種以現代工法製作之玉器在早期世界性知名拍賣公司在台展出之拍賣品中，亦不乏有此類工藝品。足見古玉器老工法碾工之基本真偽之辨別，還真是古董界一大問題。

西方國家在鑑定珠寶，都採用科學儀器方式進行辨別，鑽石、翡翠、紅寶石……等，只要佐以科學儀器，真假立辨。原因無他，此乃這些珠寶，都是天然礦物，在儀器下各有其特性，亦能透過紅外線光譜儀檢測出是否有人工染色。所以，只要具公證力之鑑定單位出具「保證書」（即鑑定書），買賣雙方基本上都不會有爭議。中國玉器其材質係乃「閃玉」，亦屬礦物，其礦物風化變化自有其脈絡可循，再佐以碾工、皮殼、紋飾、形制等特有古玉器鑑別之表徵，「真」、「假」事實不是問題，而造成「專家」紛爭，實乃「人心」作祟。

事實上，在古玩界不論是「玉器鑑定」、「瓷器鑑定」、「書畫鑑定」，抑或「銅器鑑定」，還都令外人撲朔迷離。經常一件物品可能某專家甲鑑定為「假」，但是到了乙專家卻鑑定為「真」，收藏者根本無所適從，任人宰割。自然，也對古玩收藏者如何決定處置收藏品時，感到十分困難。

2011 年，在中國大陸拍賣市場上就出現一件「價值 4.7 億名畫卻遭騙賣79 萬」的事件，現在透過 2012 年 12 月 25 日「蘋果日報」新聞報導，讓我們來看看這件古畫遭騙後拍賣出高價的過程：

「4.7 億名畫 遭騙賣 79 萬」

【大陸中心／綜合外電報導】草草賣出的贗品，一年後卻變真跡，讓河南省一對兄弟欲哭無淚。他們 2009 年將家傳乾隆御筆《嵩陽漢柏圖》送交鑑定，被認定是贗品後，以約 79 萬台幣出售，但隔年畫作卻以 4.7 億拍出。為此他們告上法院，要求撤銷當初的買賣合約。

專家誆稱為贗品

【北京晨報】2009 年 9 月，朱姓兄弟拿著家傳的《嵩陽漢柏圖》參加實物鑑定節目，認識鑑定專家劉岩。劉當時說：「這東西是個老東西，但不是真跡，也就值 3 萬元（人民幣，約 14 萬台幣）。」劉還說可幫忙找買家，「你們可以多要個 3、5 萬元（人民幣）」。

之後劉引介收藏家程功，討價還價後以約 79 萬台幣售出。朱姓兄弟對「贗品」能高價出售，還覺得很划算。但一年後他們得知該畫竟拍出約 4.7 億台幣天價，是當初脫手價近 600 倍。

辯「這種事常見」

去年 8 月，朱氏兄弟以收藏品遭騙為由提告，請求撤銷當初買賣合約。目前公安機關正在蒐證；劉稱：「這種事在藝術品市場裡有很多，藝術品拍賣都是天上一腳地上一腳（毫無規則可言）。

看完了這篇新聞報導後，相信讀者心中一定百味雜陳。在此我們先不談這樁古畫事件最後司法是如何落幕，但卻有一個問題是值得大家討論的。那就是

所謂鑑定專家劉岩先生，當時，在為朱姓兄弟鑑定古畫，指名該畫不是真跡時，其究竟是真「不知為真跡」或假「不知為真跡」。如真不知則其號稱鑑定專家之鑑定能力即有待商榷；如假不知，則事涉人格。不過無論如何，這行的「毫無規則」，還真如劉先生所說的「那麼回事」。

在古玩界，「假當真」、「真當假」的事件層出不窮；有人因而一夜致富，有人則痛失寶物。追根究底還是在於古物之鑑定，始終無一套科學且昭公信之鑑定程序，以至於在民眾普遍迷信所謂「專家」情形下，這種狀況勢必還將持續下去。當然，這些專家是否「真專家」，還是「假專家」，甚至是「別有用心的專家」；在看完本書後，相信讀者心中自有一把尺。

曾經在台北三普古玩商場與台北科技大學一位教授聊天，他認為古玩界最令人詬病的是同行相忌。只要是別人的東西，不是說不好！就是說不值那個價錢。孰知如此惡性循環下來，反是造成民眾不知該相信誰，以致影響古玩市場之熱絡。也當然，有少部份古玩商人，則藉此從中獲取高利。最後，這位教授說，如何對各種古器物，有一套科學論證之鑑定方法，才是解決問題之所在。

「凡真」乙案司法審理終結，還給「凡真」負責人一個清白，也給了「古玉器之鑑定」有了一套足以昭公信之方法；筆者另在拙著「中國古玉鑑定秘笈」乙書中，將家族百年收藏古玉之鑑定心得，融合地質礦物變化之科學論證，並提供玉器在風化後所形成之各種次生生長及沁色變化之實物照片以供讀者分辨、比對，做為今後分辨真、偽古玉之圖本樣式。相信有了這些鑑定古玉器之科學「物證」，今後凡符合此礦物各項次生變化者、再佐以皮殼、包漿完整之玉器，應該就是「貨真價實」之中國古玉器。

漢　玉辟邪獸 圖29

高 5 cm × 長 7 cm × 厚 3 cm

文物賞析重點提示：

本器風化嚴重，獸身部份呈白化現象，部份則呈褐紅沁，
器物雖小，但卻不減辟邪之威猛。為令人愛不釋手之漢代
玉辟邪獸小擺件。

藏品來源：

陳拾璜醫師
1946 ～ 1948 年間購於上海
愚園路公寓　仇焱之先生

後　語

　　「凡真」真假古玉乙案，經公訴檢察官劉承武於 2002 年 2 月 15 日依科學鑑定結果撤回起訴後，至今已屆十年有餘。在此期間涉案單位「台北史博館」與「台北故宮」之七位鑑定人，包括黃永川都升了官，甚至有些已經退休。而社會上雖有極少數人知曉此案之結果，但卻不知本案訴訟之過程與撤回起訴之原由。有很多朋友都問筆者，為什麼不早出此書，將這些「外行冒充內行」之假專家行逕公佈於世；讓這些人無法繼續再招搖於世，原因無他，實乃筆者一來公務繁忙，二來從未動手寫過書，以致拖延至今。本書出刊後，如有未盡或用詞不當之處，尚請讀者見諒。

　　筆者很多親友，在「凡真」乙案結案後，總認為筆者在整個「凡真」案過程中出錢又出力，想必「凡真」陳老闆會將法院發回之查扣古玉，擇一、二件精品以為答謝。但筆者必須說：「完全沒有」。「凡真」乙案後，陳老闆做他古董生意，而筆者則忙於自己事業，雙方一年難得碰一次面，筆者從中並無獲得任何利益。

　　「凡真」乙案委任辯護律師劉永良先生，現仍擔任筆者公司會員法律顧問。偶與筆者談及此案，仍不免感慨說：「凡真乙案能勝訴，筆者所提供行政院原子能委員會核能研究所的實驗報告公函，是扭轉案情之關鍵」。也因為此鐵證如山的國家級科學實驗報告，推翻了史博館黃永川副館長的所謂仿古玉鑑定依據。讓掌理是非黑白的法官，必須去尋找更確實可靠的古玉鑑定方法。否則，「凡真」乙案有台北故宮、史博館所謂文物專家之鑑定報告為證據，法官必然判決「凡真」敗訴；則查扣古玉在二審定讞後，當依法銷毀，負責人則將以常業詐欺罪判刑坐牢。

　　筆者一生，好打抱不平，見有不平之事，總會出手幫助弱者。而一向的態度就是義務幫忙，一旦為人解難，受幫助的人過意不去，執意要回饋，筆者總說：「那就送我一罐可樂，就算答禮」，因此，有一段時間筆者辦公室常有人送罐裝可樂，這也就是筆者助人之最佳酬勞。

　　「凡真」乙案攸關查扣古玉之銷毀與否，筆者有幸能扭轉乾坤，讓真相大白，古玉得以保存。基本上，就此而言，已讓筆者感到無比的高興。更何況在一生中，能遇到此千載難逢之機會，與「史博館」、「台北故宮」所謂玉器鑑定高手過招，何其有幸。當然事後對我國二大典藏文物機構，其所謂專家竟然真假不分還真感到喪氣；以本案而言，如說這些鑑定人員不懂還充內行，是真可恨！如是內行卻故意說假，是真可惡！此書一出，彼等勢必受到世人另類眼光看待。

　　許多看過本書初稿的親友，對於筆者在書中揭露許多不為人知之事與人；好意向筆者建議，是否應採較隱喻方式來表述。否則，將得罪人會惹來麻煩。筆者笑笑：「老天本在我小時候，就二次差點帶走我，今天筆者在閻王爺前走了兩回都不收，似乎就是要留筆者在世間，方能保住「凡真」乙案查扣之玉器，豈非冥冥之中都有定數。蒙上天恩賜給筆者至今又五十餘年歲月，人生至此，還有什麼事是好怕的，如果不將本案始末，及主關係人等一一如實陳述，又如何能讓世人瞭解人間之善惡、是非」。

　　「貪官污吏，為非作歹」之人，本就應受世人之唾棄，並受自我良心之制裁。晚來之正義，總比沒有正義為好。如人人遇事畏縮，只有讓惡人更加囂張，如果「凡真」乙案沒有筆者不顧自我，全力出手幫忙弱者，何來真相大白。這也是筆者一定要在有生之年，將本書完稿出版的原因。

　　筆者一生行事奉公守法，經營事業對公司會計任用時第一句話，就是：「公司只有一套帳，不管公司盈虧，不可逃漏任何稅賦。公司可因經營不善關門，但絕對不可行不法之事，這是筆者做人處事之原則」。寫完此書，將「凡真」乙案大白於世，人生已是精彩，各位讀者以為然否。

　　曾經看過一部港劇，劇中男主角常掛在嘴邊一句話：「人生有幾個十年，活的痛快就好！」好一句豪邁的話，筆者自幼體弱多病，至今已年過六十，有子有孫，家庭和樂，生活無慮，老天待之不薄。今後但只願世上，不再有「凡

真」之冤案！不再有貪官污吏！不再有欺世盜名之人！不再有不平之事！筆者明知此願不可能，仍期待有那麼可能的一天。

2014 年 11 月作者與孫女佩欣、長孫佩杰在家中 2F 客廳留影。

2011 年 4 月 20 日

初稿於台北 . 木柵 . 奧德莎花園廣場

家中書房

同日，長孫金佩杰出生

2012 年 12 月 30 日二稿

2013 年 8 月 1 日三稿校對

2014 年 7 月 30 日完稿

台北故宮在「故宮近年購藏玉器賞析
與研究學術討論會」上公開展示之購藏玉器

新石器時代晚期　玉琮　14-1 全器
台購 8917　寬 8.3 公分

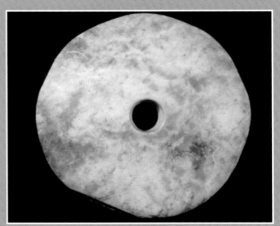

新石器時代晚期　玉璧　15-1 全器
台購 8419　寬 13.4 公分

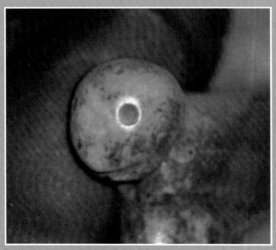

台購 10272 的頭部特寫

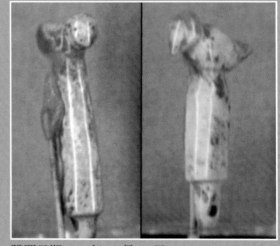

購買日期：86 年 08 月 19 日
購藏編號：10271-2　　購買金額：42 萬
廠商：吳素英

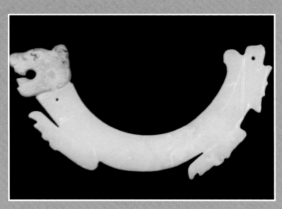

購買日期：88 年 11 月 24 日
購藏編號：11523-4　　購買金額：125 萬
廠商：敝掃齋

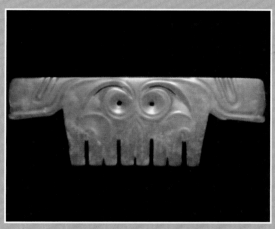

紅山文化　帶齒動物面紋玉飾
台購 8834　寬 19.1 公分

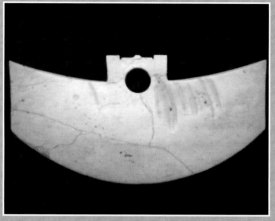

購買日期：82 年 02 月 25 日
購藏編號：8906　購買金額：41 萬
廠商：一言堂

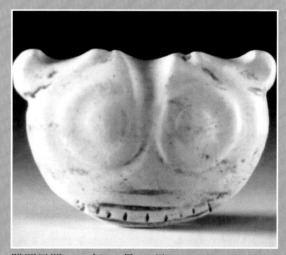

購買日期：87 年 04 月 24 日
購藏編號：10302　購買金額：24 萬
廠商：一言堂

購買日期：87 年 12 月 24 日
購藏編號：10548　購買金額：180 萬
廠商：蔡錦雲

購買日期：87 年 09 月 08 日
購藏編號：10377　購買金額：33 萬
廠商：雲中居

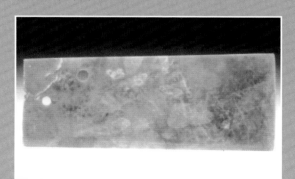

購買日期：87 年 09 月 07 日
購藏編號：10359　購買金額：8 萬
廠商：一言堂

台北故宮在「故宮近年購藏玉器賞析
與研究學術討論會」上公開展示之購藏玉器

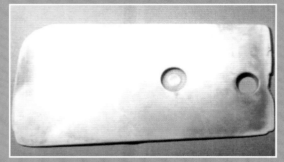

購買日期：87 年 09 月 08 日
購藏編號：10381　　購買金額：10 萬
廠商：雲中居

新石器時代晚期　　玉鑿　　15-1 全器
台購 10383

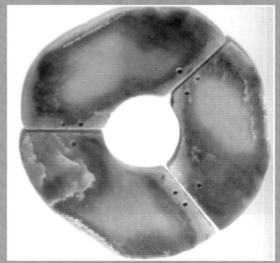

購買日期：87 年 12 月 24 日
購藏編號：10545　　購買金額：32 萬
廠商：蔡錦雲

購買日期：87 年 04 月 24 日
購藏編號：10306　　購買金額：69.5 萬
廠商：一言堂

購買日期：87 年 09 月 08 日
購藏編號：11849　　購買金額：85 萬
廠商：右聖堂

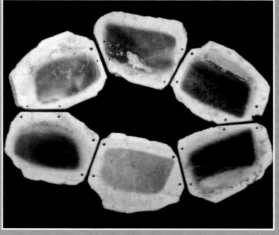

購買日期：87 年 12 月 24 日
購藏編號：10547　　購買金額：180 萬
廠商：蔡錦雲

購買日期：81 年 08 月 17 日
購藏編號：8833　　購買金額：160 萬
廠商：香港匯寶閣

購買日期：86 年 03 月 22 日
購藏編號：9260　　購買金額：38 萬
廠商：吳素英

購買日期：86 年 07 月 01 日
購藏編號：10226　　購買金額：55 萬
廠商：一言堂

新石器時代晚期　　黃玉屈肢人形佩〈正、背〉
台購 10227　　高 6.5 公分

作者家族背景簡介

1946年作者父親金棨瑊（時任英吉貿易行董事）與母親陳拾璜醫師於上海江西路自宅庭院前留影。

▼1928年作者外祖父陳益軒（時任中國肥力田肥料公司負責人）與外祖母葉太夫人在溫州留影。

◀ 作者從小深受父親疼
愛,此為 1953 年與
父親攝於彰化北斗自
宅庭院。

◀ 1948 年作者父母親
解放前於上海留影。

▲ 1961 年作者父親金槃瑊先生（右 4）（時任大時代出版社社長）發行「青年節歌曲」，監察院于
　右任院長（中間老者）特別在監察院慶祝聚餐，餐後與陪同秘書處官員於監察院大廳留影。
　（右 1 為作者二叔金啟仁，時任于右任院長私人秘書）。

▲ 1961 年作者父親金槃瑊先生（右 1）與
　時任監察院長于右任在監察院大廳留影。

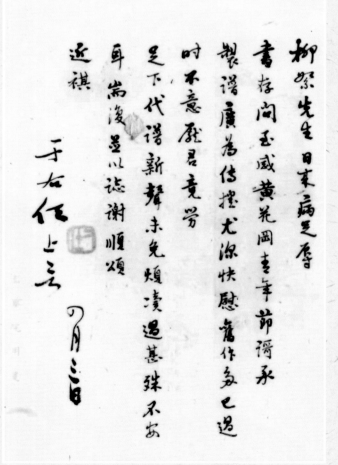

▲ 于右任院長親筆函謝作者父親柳絮（筆名），
　感謝代譜「黃花崗青年節歌曲」書函。

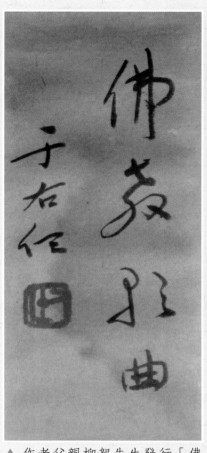

▲ 作者父親柳絮先生發行「佛
教歌曲」乙書，于右任院長
親題書名。

此方真教體
清淨在音聞
佛教歌曲
敬錄楞嚴經語奉題
莫德惠

▲ 莫德惠院長（時任考試院院長）
題字紀念。

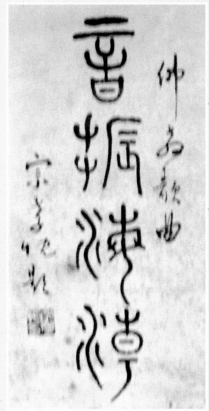

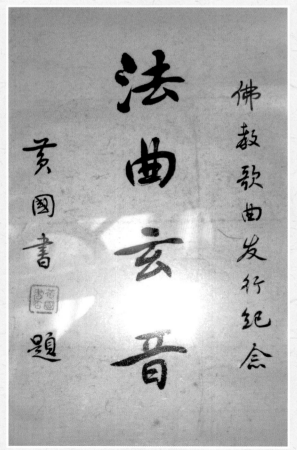

法曲玄音
佛教歌曲发行纪念
黃國書題

▲ 黃國書（時任立法院院長）、國學大師宗孝忱大師親筆書法紀念。

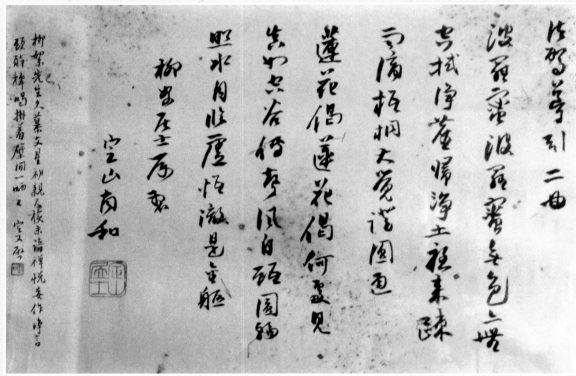

▲ 文學家空山真和題字紀念。

▲ 滬上知名女畫家雷佩芝女士（攝影大師郎靜山夫人、張大千弟子），親繪仙佛合樂圖為佛教歌曲「偉大的佛陀清唱劇」（佛光山創辦人星雲法師作詞，柳絮先生作曲，華嚴蓮社 1969 年發行）乙書封面插畫。

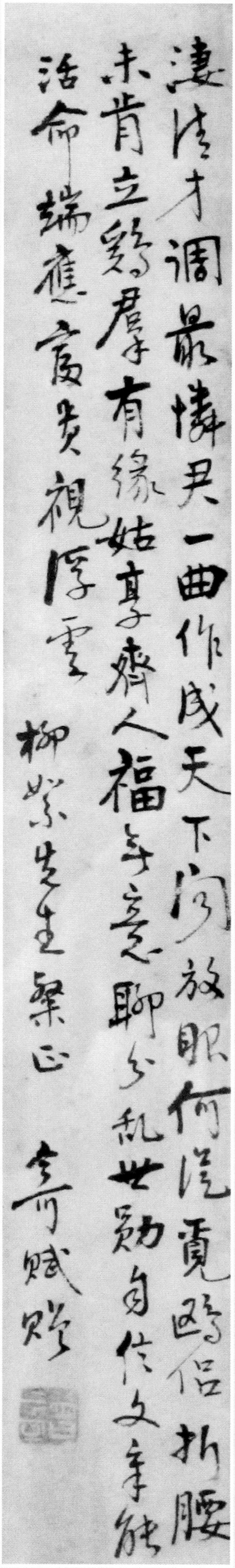

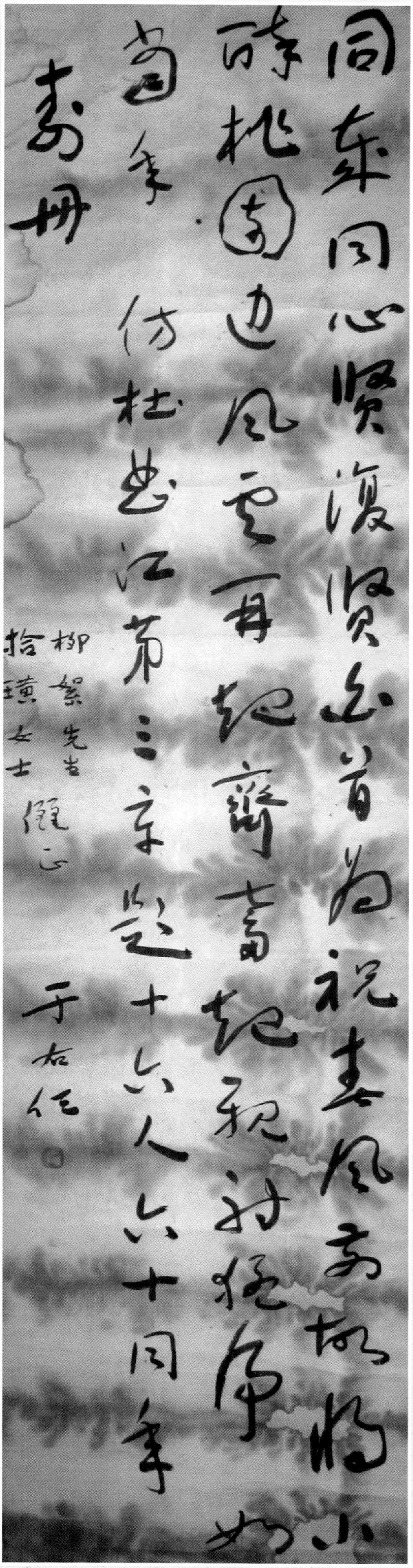

同來同心賢復賢必首為祝春風高故帰

時桃園邊風雲再起齊蓄起親對症原毋

當年仿杜也江荊三字怒十六人六十同年

壽毋

柳絮先生儷正

拾璜女士

于右任

淒涼才調最憐其一曲作成天下聞放眼何處覓同儔折腰

未肯立殘尊有緣姑且享癡人福年意聊分亂世勳自從文章能

活命端應歷失視浮雲

柳紫先生樂正

壽賦贈

左圖
曾今可（時任右老創設中國文藝界聯誼會祕書長）親筆書法小幅乙條，贈予作者父親。

右圖
于右任院長親筆書法乙幅，贈予作者父親（柳絮）、母親（拾璜）。

185

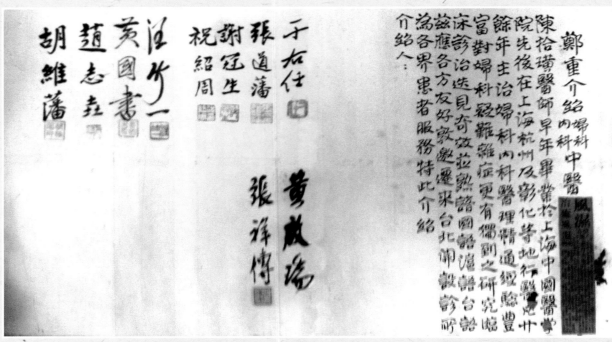

▲ 1961年作者母親陳拾璜醫師在台北市設立診所執行醫療業務，經于右任（時任監察院院長）、張道藩（時任立法院院長）、謝冠生（時任司法院院長）、黃國書（時任立法院副院長）、黃啟瑞（時任台北市市長）、張祥傳（時任台北市市議會議長）、趙志垚（時任交通銀行董事長，為作者姨公）……等共同推薦，當時在台北市造成轟動。

▲ 1952年作者母親陳拾璜經考試院中醫師考試及格，由內政部核發「中醫師證書」。

▲ 1980年行政院衛生署頒給作者母親陳拾璜醫師行醫四十年優良獎狀。

▲ 1965年作者（左1）在台北之全家福（後左大哥金天一、後中大姊金曉薇、後右二姊金曉梅）。

▲ 1983 年作者母親陳拾璜醫師晚年與作者長子尚聖於木柵保儀路家中陽台留影。

▲ 1983 年作者母親陳拾璜醫師與作者夫人袁幸華在木柵保儀路家中留影。

▲ 1972 年作者求學時喜打橋牌，藉以訓練對事務之敏銳反應能力。

▲ 1973 年作者母親陳拾璜醫師、父親柳絮先生與長女金曉薇（右1）、次女金曉梅（右2）、二女婿蔡竹宮（左1）同遊高雄澄清湖留影。

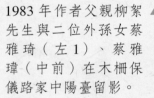

1983 年作者父親柳絮
先生與二位外孫女蔡
雅琦（左 1）、蔡雅
瑋（中前）在木柵保
儀路家中陽臺留影。

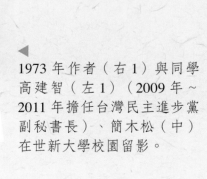

1973 年作者（右 1）與同學
高建智（左 1）（2009 年～
2011 年擔任台灣民主進步黨
副秘書長）、簡木松（中）
在世新大學校園留影。

1985年作者次子金
尚孝出生，與夫人袁
幸華，長子金尚聖
攝於台北木柵保儀路
家中客廳。

1987年「古玉浮沉記」
作者金天放先生擔任
「以仁健診中心」副
院長攝於辦公室。

1987年作者夫婦與長
子尚聖、次子尚孝在
木柵家中客廳合影。

1988年12月26日作者
擔任「以仁健檢中心」
副院長，夫婦攜二子與
員工同遊東海岸，於花
蓮太魯閣留影。

189

1992 年作者前往溫州祭祖，對外祖父故居部分留影，此為房舍側門一角。

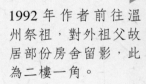

1992 年作者前往溫州祭祖，對外祖父故居部份房舍留影，此為二樓一角。

1994 年作者擔任「美兆集團」執行長，於執行長辦公室留影。

1995年1月12日作者擔任「美兆集團」執行長期間，帶領員工至夏威夷旅遊，在夏威夷飯店原住民表演廳內留影。

2009年台灣第一金控發行「媚儷鈦金卡」，作者以美好一生企業董事長受邀參加記者會（左3），與時任第一金控林副總經理佐堯（左2）、第一金控林總經理英雄（左4）、聯合信用卡中心翁總經理光輝（左5）、第一金控鄭副總經理美玲（左6）、Master Card 國際組織張總經理懷堅（左7）合影留念。

1995年作者擔任「美兆集團」執行長，與「美兆集團」總裁曹純鏗於凱悅飯店尾牙餐會中留影。

2014年4月19日作者長孫佩杰三週歲，作者與岳父母及家人於景美松滿樓餐廳合影。

古玉浮沉記

Ancient jade ups and downs to memorize

作　　　者／金天放

法律顧問／劉永良律師

攝　　　影／Sammy Studio專業攝影工作室

美術設計／憨憨泉設計

印　　　刷／崎威彩藝有限公司

發　行　人／美好一生事業股份有限公司

出　版　者／健康顧問雜誌社

地　　　址／台北市文山區景文街46-1號6樓

電　　　話／886-2-86637576

傳　　　真／886-2-86637654

網　　　址／http://www.wonderfullife.com.tw/

戶　　　名／美好一生事業股份有限公司

劃撥帳號／19927268

初　　　版／2014年12月

Ｉ Ｓ Ｂ Ｎ／978-986-90814-1-2

定　　　價／3000元